Cosas y casos
del pueblo de
ADOBES

TOMO I

Lorenzo Hernández Hernández

Cosas y Casos

del pueblo de

ADOBES

TOMO I

AACHE Ediciones
Guadalajara 2025

aache
ediciones

82

colección LETRAS MAYÚSCULAS

© Lorenzo Hernández Hernández, de los textos. 2025.

Producción, maquetación y edición electrónica:
AACHE Ediciones
C/ Malvarrosa, 2 (Las Lomas) – Telef. 949 220 438
19005 – Guadalajara
E–Mail: editorial@aache.com
Internet: www.aache.com

Impresión:
PodiPrint
C/ Cueva de Viera, 2
29200 – Antequera (Málaga)

Impreso en España – Printed in Spain.

ISBN 978–84–19813–61–9
Depósito Legal: GU–37/2025

Si este libro se perdiera
Como puede suceder,
Suceder también pudiera
Que los morros le rompieran
Al que se quedara con él.

Dedicado a todos los adobanos amantes de su pueblo y, en especial, a todos aquellos que con su dedicación han contribuido a la rehabilitación y mejora de su entorno. Y a mis hijas Noemí y Sonia.

INTRODUCCIÓN

Como hijo del pueblo de Adobes, me siento en la necesidad de escribir estas líneas para disfrute personal y como agradecimiento a este pequeño pueblo que me vio nacer.

Mis conocimientos son más bien escasos y, en todo caso, serán el resultado de los recuerdos de la infancia y de las vivencias personales e informaciones, sobre todo orales, de todas aquellas personas mayores con las que he tenido el gusto de hablar en mis frecuentes y reiteradas visitas.

Conociéndome como me conozco, no me gustaría dejarme llevar por el triunfalismo de lo irreal ni por el catastrofismo de una situación de abandono común a la mayoría de los pueblos de la comarca. Más bien, reconocer la forma estoica con la que han sabido sobrevivir en los momentos difíciles.

Mi única pretensión es recordar anécdotas, vivencias, costumbres, parajes, etc. –cosas y casos– de las gentes de este pueblo de la manera más amena posible, que en muchos casos podrán ser ratificados e incluso matizados por ellos mismos o, en su ausencia, por la tradición y las costumbres del lugar.

Sea como fuere, tanto para los que las han vivido como para los que las desconocen, quiero invitarles a recordar situaciones de la forma de vivir de nuestra gente.

Ni que decir tiene que me gustaría suscitar el interés de los hijos de este pueblo de Adobes y, en especial, de esos niños que con cierta frecuencia regresan cada año de vacaciones para disfrutar de la libertad y la tranquilidad que por aquí se respira. Y bien entendido como hijos del pueblo, todos aquellos que se sientan adobanos de corazón, aunque no sean nacidos en nuestro pueblo, que los hay muchos y muy especiales.

Que el interés está puesto, según el autor, en contarlo de la forma más graciosa posible, aunque a veces sea hasta estrambótica. Por ello, no dudaré en usar el lenguaje más coloquial y hasta pueblerino si es necesario para llamar tu atención.

Como estas líneas quiero que sean lo más entretenidas y amenas posibles, nada mejor que dejar al libre albedrío que se organice a su manera. Yo me dejaré llevar, y sea lo que Dios quiera. Mi pretensión es algo informal y sin pautas establecidas, y por ello me dejaré llevar por el aire que sople más favorable, que por el pueblo sopla y mucho. Que por perderme, lo haré por los sitios más insólitos y recovecos que pueda haber por el término de nuestro pueblo.

Lo dicho… que disfrutes como yo lo hago, un poco a lo tonto y un poco a salto de mata. Ah, si te pierdes en el léxico de la lectura, no dudes en recurrir al abuelete más cercano; él te sacará de dudas. Yo intentaré, si me acuerdo, ponerte en negrita lo que se me ocurra más inusual, pero tú has de hacer un poquitín de esfuerzo.

¡¡¡Suerte!!!

Si su leer te fuera esquivo
Y no fuera de tu entender,
Entender también pudieras
Que otro que tú no fueras
Lo llegara a comprender.
Y si una patada le dieras,
También sería de entender.

Allá por las estribaciones de los Montes Universales, donde la Paramera de Molina se convierte en Serranía, permanecen un centenar de casas al solano de una pequeña colina bajo la protección de su iglesia y una escasa docena de familias. Como a cientos y miles de pueblos de este país llamado España, le llegó el turno de la emigración a las grandes ciudades y áreas de nueva industrialización, y como a tantos otros, el esperado abandono de sus gentes hizo que estuviera a punto de desaparecer.

Pasaron los años...

Hoy en día, podemos decir que gracias a la suerte de la permanencia de unos cuantos vecinos sufridores y a la ayuda desinteresada de otros muchos hijos del pueblo, el pueblo de Adobes sobrevive, que ya es mucho.

Al final, la historia dictará sentencia, pero hoy por hoy podemos contarlo, y que sea por muchos años. Adobes, el pueblo del que quisiera hablarte, es un núcleo de casas tan pequeño que apenas sería identificable para personas no relacionadas con él. Las referencias históricas apenas existen, a no ser por la publicidad de sus propios habitantes.

Si nos olvidamos de las tecnologías modernas, te aseguro que te estrellarías ante cualquier plano o mapa comercial para localizarlo. Mejor dejar viajar a la imaginación y, con la ayuda de los cicerones que encontremos por el camino, seguro que llegaremos a buen puerto.

Para hacerlo fácil, creo que lo mejor sería irnos al centro del mapa, por decir alguna referencia, Madrid. De momento, chupado.

Buscar Madrid en un mapa convencional es tan sencillo como cerrar los ojos y poner el dedo en el centro del plano. Al abrir los ojos, vemos que casi nos hemos ido a Guadalajara, más o menos cerca. Vamos bien, muy bien. Ahora seguimos hacia la derecha y cogemos la N-II, dirección Barcelona y Alcolea del Pinar. Avanzamos…

—¡Cuidado que te pasas!

Vuelta atrás.

Tenemos que coger el ramal de Teruel y Molina de Aragón. Te ibas a la provincia de Soria. Es normal que le pase a todo el que no conoce el terreno de antemano.

Ya estamos de nuevo en ruta. Ahora es cuestión de seguir la carretera N-211 durante unos cuarenta kilómetros hasta que encontremos una población llena de castillos. Pasamos Maranchón, Mazarete, Anquela, Selas, Aragoncillo, Canales, Rillo y… ¡ya está! Esa es, Molina de Aragón.

Bueno, pues en teoría ya hemos llegado. No del todo, pues aún nos falta un largo trecho, pero a partir de aquí necesitarás un buen guía o, de lo contrario, tendrás que preguntar más que a menudo a las gentes del lugar si vas por el buen camino.

Estamos en Molina de Aragón. Más que un pueblo, es una capital, la capital del Señorío de la Comarca de Molina. Una vasta comarca con más de setenta pueblos y con una historia más que relevante e interesante. Ya iremos contando.

De momento, todo sencillo. A partir de aquí, lo tendremos más complicadillo, bueno, si es que seguimos juntos y si a ti te interesa seguir.

(Mi acompañante era un amigo que no tenía ni idea de nada, apenas sabía lo que era un pueblo y hasta era capaz de confundir una oveja con una cabra, pero estaba lleno de curiosidad y dispuesto a llegar hasta el final, fuera como fuera).

Chocamos la mano. Nos deseamos suerte. Todo presumía que iba a ser un viaje muy especial y que íbamos a disfrutar de lo lindo.

Estábamos entrando en Molina por la orilla del río y junto a la gran muralla que rodea la ciudad.

Mi compañero se vio abrumado ante tanto castillo y tanta iglesia. Diríase que era una vista irreal.

Todo es real, le dije yo. Ten en cuenta que en sus buenos tiempos, Molina era el centro económico, político-social y cultural de toda la comarca del Señorío.

Todo el mundo estaba obligado a venir aquí para solucionar sus problemas.

Llegamos al puente románico, justo donde las calles desembocan en la ribera del río y donde miran los balcones y ventanales de las casonas medievales. A la izquierda, los barrios de la judería y la morería; al frente, la ciudad señorial, repleta de palacios e iglesias.

Mi compañero no le quitaba la vista al río.

Y es que unas truchas no paraban de zigzaguear ante la presencia de unos chavales que se entretenían lanzándoles migajas de pan.

Para tu información, este río se llama Gallo. Nace en la provincia de Teruel y va a desembocar al Tajo en el paraje llamado Puente de San Pedro, tras pasar por el desfiladero de la Virgen de la Hoz. Todo un espectáculo.

Ya hablaremos de él largo y tendido más adelante, seguro.

Yo creo que ahora no es cuestión de perder más el tiempo. Molina, en su conjunto, merece visitarla con tranquilidad. Ocasiones hemos de tener y muchas; aquí se viene a cualquier hora y en cualquier momento.

Si quieres, cruzamos el puente y nos acercamos a la calle de las tiendas a comprar alguna cosilla y, de paso, alguna vianda que nos vaya bien para seguir el viaje.

—¡Vamos!

—Vamos.

Fue andar cuatro pasos e ir a salir a una plaza señorial, llena de palacios y, a su vez, de callejones donde los aleros de los tejados casi llegan a besarse y las sábanas tendidas de un vecino se asoman a la ventana del vecino a fisgar. En la pared, una placa que pone: Plaza de los Tres Palacios. Al lado, unos ladrillos de cerámica con una leyenda con la explicación de cada uno y unos versos en castellano antiguo, añadiendo una leyenda tradicional. Giramos el oscuro y estrecho callejón y, apenas unos metros, volvemos a salir a otra plazetuela donde nos sorprende un palacete del siglo XVII convertido en ferretería por desdichas del destino y, junto al lado, la puerta de una iglesia desacralizada. Con tanta iglesia y con tan poco feligrés… lógico y normal. Ya, ya te contaré en otro momento qué fue de tanta iglesia y lo que son hoy en día. Hay para rato.

Ni cortos ni perezosos, nos adentramos por aquellas callejas oscuras y umbrías en busca de alguna tienda donde hacernos con unos chuscos de pan y alguna cosilla que no le hiciera feo a la miga, aunque fuese en forma de chorizo o tocino rancio, que por estos lares abunda y de muy buen gusto.

Mi amigo no paraba de mirar de oriente a occidente, del sur al norte. Le parecía un pueblo tan raro, tan viejo, tan especial, que se me quedaba rezagado con la mirada perdida en el tiempo.

Tuve que intervenir.

—¡Vamos! No te hagas el remolón.

—No, si ya voy. Ya te sigo.

—Vale, venga.

A no muchos pasos de allí, en un viejo caserón, antaño palacio de no sé quién, vimos un letrero pintado en azul océano, barroco a más no poder, donde se adivinaba poner "ULTRAMARINOS". Al lado, otro más pequeño con la leyenda de "comestibles y bebidas".

—Perfecto, lo que buscábamos.

—Qué bien. Entremos.

—Compañero, estamos de suerte. Vamos pallá.

Una campanilla colocada en el umbral de la puerta nos recibió a la entrada con sobresalto. La distancia entre el portalón y el mostrador de la tienda era tan grande que la única manera de que se enterara el dueño de la llegada de clientes era que le sonara la campana. Fue traspasar la puerta e invadirnos una gama indescifrable de olores que se esparcían por todo el local. Un gran mostrador de madera nos recibía repleto de viandas, botellas de vino y aceite, aceitunas y una gentil pandereta repleta de sardinas arenques.

—¿Quién anda?

—Aquí unos que venían a…

—Ya voy.

Todavía estaba la voz esparciéndose por los techos del amplio salón cuando apareció un dependiente con un batón azul, bajando por la interminable escalera catedralicia de peldaños de piedra, como si fuera un gran señor feudal.

Avanzó hasta el mostrador de madera y, mirándonos fijamente…

—¿Qué desean ustedes?

—Si hubiera algo para meter al zurrón. Algo que no haga malas migas con el pan. Vamos pa la Sierra y mejor prevenir, que el camino es largo.

No discutimos lo más mínimo. Bien pronto entendió nuestro propósito. Debía estar acostumbrado a este tipo de peticiones. Y a buen entendedor, con pocas palabras… un poco de aquí, un poco de lo otro, y el saquillo listo para marchar.

Luego de unos buenos días y un buen viaje por parte del tendero, metimos nuestro saquillo en las alforjas y nos la pusimos al hombro, percibiendo un cierto olorcillo a vino y a sardina rancia. Es seguro que el vino lo llevábamos encima y en su correspondiente bota, pero el olor a arenque nos lo regaló al restregar la alforja por el mostrador de madera.

Desandamos los callejones, no sin antes tener que despedir algún que otro gato a patadas. Debía ser por aquello del olor a sardina. Y nos plantamos de nuevo junto al río, al lado del puente viejo.

El río Gallo se deslizaba lentamente con sutil delicadeza, acariciando las viejas piedras del puente casi sin rozarlas.

Mi amigo no quitaba la vista del río. Yo noté que sus pupilas se desvanecían en el infinito del horizonte y que sus labios parecían gesticular algunas palabras.

Estaba apoyado en la balconada del puente, donde el agua parece deslizarse entre sus pies.

Zigzagueaban las truchas

Jugando al escondite entre los flexibles juncos.

El río se dejaba llevar.

Fisgonean los pajarillos desde sus balcones

Con su silbido y trinar.

El río se deja llevar puente abajo.

Yo quisiera ser río, murmullo, agua…

Yo quisiera ser.

Que yo no soy, que no soy mío

Soy todo hierba, soy todo tuyo.

Ribera húmeda y verde cual alfombra de astrakán

Paséame por tu cauce, llévame de aquí al mar.

Y si fuera contigo, me dejaré llevar

Y si me invade el placer,

Despiértame poco a poco

Y a poder ser… no ser.

—¿Y ahora por dónde seguimos?

—¿Qué te parece?

—Si pudiéramos seguir río abajo.

—¿Y si fuéramos río arriba?

—Qué dices. En piragua.

—En piragua no, pero tengo una idea.

—Seguro que nada bueno.

Mira por donde el Gallo pasa por mi pueblo y qué mejor ocasión que seguir su curso. Hasta puede que sea el camino más corto y, si no, la ruta más atrevida y divertida.

Además, si queremos aventura, qué mejor ocasión que esta.

—¿Cuánto tenemos hasta allí?

—Pues depende de lo aprisa que vayamos.

—¿Pero cuántas horas?

—Pongamos que una jornada.

—O sea, todo el día.

—Más o menos.

—¡Madre mía! La que me espera.

—Tranquilo, que yo sé por dónde voy.

—Pero… y encima contra corriente.

—No seas cobarde.

— Vale, vale. Qué remedio queda.

—¡Adelante! No perdamos más tiempo.

Mi amigo echó un vistazo a su alrededor, miró hacia el camino que surcaba Chopera arriba junto al cauce del río, se santiguó y, con voz dudosa, dijo:

—Sea lo que Dios quiera.

—¡Vamos, empecemos!

Y empezamos. Caminábamos orilla arriba, sin prisa, entre las veredas que dejaban los huertos repletos de planteles y de hortalizas, ya casi a punto de cosechar. Así andamos unos quinientos metros, dejando atrás las últimas casas del casco urbano. Un antiguo molino de agua, a medio restaurar, y el espectacular edificio de los Batanes, hoy convertido en hotel, nos decían adiós desde Molina.

El camino, de momento, se hacía apetecible. Estábamos en primavera y la época del año era ideal para pasear, pues la hierba estaba a media caña, sin espigar, y los días eran largos y apacibles.

A no mucho de empezar, ya me pedía que le fuera contando algunas cosas de lo que andaba viviendo, viendo y oyendo. Empezaba a interesarse por lo que le esperaba.

Por decir algo y a modo de aperitivo: estamos en una ciudad, Molina de Aragón, anclada en la historia medieval e intentando sobrevivir de aquellos años gloriosos del siglo XII y XIII, con sus feudos propios y su reconocimiento de Señorío. Sus imponentes castillos son vestigios de su pasado. Entender esta tierra es algo que está asociado al pensar y al vivir de las gentes del lugar, y la mejor manera es convivir largas temporadas compartiendo sus trabajos y quehaceres.

Si nos metemos en su historia, terminaríamos la ruta y nos quedaríamos en sus preámbulos. Mejor seguir andando.

Ya en tierra de labor, la densa Chopera, que se amamanta del río, nos servía de palio natural para mitigar los rayos matutinos de la mañana. Íbamos pegados al cauce del río cuando vimos unas truchas juguetonas que parecían querer acompañarnos río arriba. Decidimos hacer una breve pausa para observarlas y, de paso, echar un trago de vino, pues la ocasión lo requería.

Casi sin mediar comentario, tuvimos la misma intención. Al unísono lanzamos unas migajas de pan al agua para ver cómo reaccionaban. Como relámpagos, aparecieron en busca del rico manjar.

—¿Has visto?

—Jobar, qué rápidas están.

—Y tanto, como si estuvieran muertas de hambre.

—Al menos hay media docena peleando.

—Pues déjalas que disfruten.

El tiempo que duró el trago de vino fue suficiente para que las revoltosas truchas dejaran de enzarzarse en disputas. Nosotros nos dimos media vuelta y seguimos con nuestro camino.

Ya alejados de Molina, mientras avanzábamos entre sol y sombra de los álamos, contemplábamos el recinto amurallado de su castillo y la esbelta e impresionante torre de su alcázar, la llamada Torre de Aragón, vigilantes como siempre de su Señorío. En sus años mozos fueron la salvaguardia de estas tierras y hoy perduran como símbolo y estandarte de gloria.

Por cierto, después de tanto nombrarte Molina de Aragón, Torre de Aragón, Señorío de Aragón y lo que seguirás oyendo, debería aclararte el porqué.

Es cierto que estamos en la provincia de Guadalajara, sin duda. Pero también es tan cierto que esta tierra está intrínsecamente relacionada históricamente con Aragón, y más concretamente con el Señorío de Aragón.

Aprovechando que el camino se hacía cómodo de andar, intenté que mi amigo se hiciera con unos breves apuntes del Señorío y que se fuera haciendo una composición del lugar.

Puede dar la impresión de que se nos han colado los mañicos como intrusos. En absoluto. Por supuesto que no es ninguna invasión, es la propia historia la que nos ayudará a entender que esta tierra es distinta al resto de Castilla y que tiene su entidad y diferenciación propia.

La historia del Señorío de Molina de Aragón empieza allá por el siglo XII, cuando reinaba en Castilla y León Alfonso VII, y en el Reino de Aragón, Alfonso I el Batallador. La barrera montañosa formada por el Sistema Ibérico y, sobre todo, los alrededores del Moncayo siempre han sido una frontera natural en la división de tierras entre dichos reinos. Motivo de incesantes discusiones y escaramuzas, a la hora de pactar su propiedad decidieron firmar una zona neutral de seguridad que coincidiera con las tierras del Señorío, nombrando como Señor de confianza a Manrique de Lara y concediéndole unos fueros exclusivos. Y de esta guisa surgió el Señorío.

Una de las misiones principales de Don Manrique fue la repoblación de sus tierras, diezmadas por el abandono tras tanta escaramuza. Creó nuevas leyes y reconcilió a la sociedad civil, que se encontraba habitada y dominada por una mezcla de mozárabes, mudéjares, judíos y cristianos. Aun respetando y tolerando las distintas culturas y religiones, se inició la construcción de diversas iglesias dentro del casco urbano de la capital, a escasos metros unas de otras.

Primeramente, dividió el Señorío en comarcas, a las que llamó Sexmas: la Sierra, el Sabinar, el Pedregal y el Campo. Todas ellas con aproximación de hectáreas, pueblos, aldeas y con identidades naturales similares. Cada una de ellas tenía sus representantes electos en las principales organizaciones de poder.

Una segunda subdivisión recibió el nombre de veintenas. Cada sexma se dividía en veinte partes iguales, lo que equivalía a la superficie de cada pueblo o aldea. Dentro de cada pueblo se creaban una serie de parcelas en las zonas de mejor producción, donde podían sembrar y cultivar forrajes, tubérculos y hortalizas para la subsistencia de la casa. Eran los denominados quiñones.

Así fueron surgiendo infinidad de iglesias y casonas dependientes de un señor al que se concedían tierras y pastos donde desarrollar las actividades de agricultura y ganadería.

Sin darnos cuenta, nos quedamos parados. Más que parados, sentados. Mi compañero seguía mirando el horizonte, los castillos entre el bamboleo de las ramas de los chopos. Hipnotizados quedamos en el lugar, ante el ronroneo del murmullo del río y el tupido césped que nos arropaba.

—Ufff...

—Amigo, me parece que empezamos mal.

—Mal. Mejor imposible.

—Sí, pero así no avanzamos.

—Pero sí disfrutamos.

—¡Venga! Pues sigamos disfrutando.

—Vale, un traguito de vino y arrancamos.

—¡Vamos, arriba!

—Sabes, soñaba con estar en un paraíso bucólico, lleno de poesía, de aquellos que se representaban en la Edad Media, y con tanto castillo por medio no me he podido aguantar.

—Déjate de tonterías.

—Es que estaba tan a gusto... podríamos...

—Sí o no. O te tomas en serio el viaje o nos volvemos a Molina y santas pascuas.

(Me pensaba yo por mis adentros qué pensará cuando cojamos una loma llena de aliagas, donde la única excusa para caminar es el olor del tropezón con algún tomillo suelto).

—La que te espera.

—¿Decías algo?

—No, no, insinuaba.

—¿Qué?

—En pie, camarada. Apretuja la bota de nuevo, a ver si el calorcillo del vino te baja hasta los pies, que falta te va a hacer para proseguir el camino.

Como seguía medio atontado, la mitad del vino se le fue a parar fuera del garganchón, por la pechera, hasta la bragueta.

—Vaya bebedor de leches.

—La bota que no me conoce.

—Ya, ya.

A fin de cuentas, lo que importaba era seguir.

De nuevo emprendimos el viaje, respetando la umbría de la alameda. Un buen rato apenas terciamos palabras; andábamos separados, yo apretaba el paso y él se rezagaba, mirando por todas partes para no ver nada.

No muy lejos de allí ya empezaba a otearse el pueblo de Castilnuevo cuando mi amigo, acelerando el paso, se puso a mi lado y soltó unas escuetas palabras.

—A mí me huele que...

—Que ya llegamos a Castilnuevo.

—No, no. Que huele a oveja.

—Pues claro, ¿a qué va a oler? No ves que está lleno de cagarrutas.

—No entiendo.

Te explico. Las cagarrutas son los excrementos de las ovejas. En toda esta zona lo que más predomina es el ganado lanar. Antiguamente era el principal recurso de subsistencia de esta tierra. Es habitual ver todo el campo sembrado de este diminuto excremento. Incluso hoy en día, el ganado lanar es indispensable junto con la agricultura, pues da lana, carne, estiércol y crías para renovar el rebaño.

Por cierto, estas son frescas; eso quiere decir que por este paraje algún atajo anda pastando cerca.

(Algún día, cuando la ocasión lo requiera, te contaré el juego de la cagarruta morena).

Y sigo... Como sobre aviso para detectar que un ganado está cerca, además de las cagarrutas antes citadas, oiremos el sonido de los cencerros y veremos con toda seguridad al perro del pastor merodeando por los alrededores, avisando a su dueño de la presencia de extraños en el lugar.

Y más... Unos ladridos a lo lejos nos invitarán a que cambiemos de camino, a no ser que su amo le ordene lo contrario. Aun así, el perro guardará la distancia prudencial hasta que quede convencido de que somos bienvenidos.

Los pastores suelen ser gente buena y con muchas ganas de hablar, personas solitarias por antonomasia. Teniendo en cuenta que pasan la mayoría de horas solos, a no ser por la compañía de los perros y sin poder hablar con nadie, aprovechan la más mínima ocasión que se les presenta para departir cualquier comentario con el primero que se les acerque.

Si se presentase el momento, tú no te preocupes. Aunque no ande muy sobrado de estos temas, yo me apaño.

Tendrás que disculparme si en algún momento el lenguaje no es el más adecuado. Es que cuando uno cambia de aires, lo más adecuado es avenirse al que mejor sopla. El lenguaje tiene muchos matices y, por estos lares, nos encontraremos con gentes de muy diversas culturas y tradiciones.

No deberías sentirte ridiculizado con la forma de expresarse del lugar y, mucho menos, sacar una conclusión peyorativa de esta tierra. Es como es: natural. No hay nada más emocionante que charlar con un viejo lugareño para entender la franqueza que destila esta gente.

Y contando y contando, casi nos habíamos quedado parados.

Como el que rompe el ritmo, aceleramos el paso para recuperar los metros perdidos. De vez en cuando nos acercábamos a la orilla del río para ver si nos perseguía alguna trucha.

—Sabes, por aquí no hace muchos años se cogían cangrejos a cestos. El río llevaba más agua, más limpia y más sana.

—No será para tanto.

—Sí, sí. Mucha gente se dedicaba a pescarlos y venderlos.

—¿Y estaban buenos?

—Calla, que me entra un gustillo de hambre. Aún recuerdo cómo cambiaban de color al freírlos.

—Va, no será para tanto.

—Ufff, qué ricos.

Me quedé mirando fijamente al río, como queriendo traspasar aquel cristalino espejo en busca de lo imposible. Solo pude ver unas juguetonas truchas que más bien parecían mofarse de mí.

El agua, en esta época del año, todavía baja limpia, clara y helada. Más bien fresca debido al deshielo de la montaña. Cuando llega el verano, se agosta y se para.

Te cuento… El río Gallo nace en los Montes Universales, en el pico del Caimodorro, a unos mil ochocientos metros de altitud, en los tremedales o gotiales que se forman entre los términos de Orea y Orihuela del Tremedal. Los gotiales, como llaman las gentes del lugar, son humedales que se han formado por filtraciones de agua como consecuencia de los antiguos glaciares que cubrían esta sierra.

Los constantes goteos de estas zonas vivas hacen que se vayan formando pequeños arroyuelos que confluyen en el barranco, dando como resultado que en pocos kilómetros se presente en Orihuela del Tremedal como el río Gallo.

No es que le dure mucho el caudal del agua, porque apenas emprende el camino hacia la provincia de Guadalajara, desaparece por arte de magia. Solo en tiempos agraciados en nieve mantiene su curso perpetuo hasta su desembocadura en el Tajo. De lo contrario, una sima, a un centenar de metros de las ruinas de un molino, hace que se esconda hasta los pueblos de Chera y Prados Redondos.

Tendremos que volar por los términos de Orihuela, Motos, Alustante y Tordesilos para encontrarlo en nuestro pueblo de Adobes. Aquí, tradicionalmente, se le llama la Rambla, y nada más adecuado, porque cuando se le ocurre bajar con agua, lo hace a lo bruto, desbordado y sin control. Son unos cuatro kilómetros de serpenteo espectacular desde la Cueva de Cirijuelos hasta las Juntas, que deberían conocer y patear todos los adobanos.

Un servidor ha tenido la suerte de ver y comprobar esa situación y, desde luego, puedo constatar que las leyendas de los abuelos eran ciertas cuando contaban que, en esas ocasiones, no podían pasar con las caballerías por miedo a que las arrastraran en sus viajes a Tordesilos, tanto por el camino viejo como por el del Castellar, en el majestuoso paraje de la Veguilla.

Quiero suponer, y supongo, que hablar del río Gallo fuera de la comarca es tan vano como inútil. A nivel hidrográfico español es como si no existiera, poco conocido, y si acaso, por aquellos turistas que se han perdido por el impresionante y majestuoso Barranco de la Hoz, con su santuario como punto de referencia y el Puente de San Pedro como zona de recreo y confluencia con el río Tajo.

Otros tiempos fueron aquellos en que, por la Edad Media, el río mantenía un caudal permanente y era la arteria principal del Señorío, amamantando con su agua los rebaños de ganado ovino y surcando con acequias y ramblas las sesmas de la Sierra y del Pedregal, y alimentando molinos harineros, herrerías y batanes.

Yo, que llevaba rato a su vera, no pude aguantarme las ganas de acercarme a su orilla y, por unos instantes, dejé que mis orejas se abrieran de par en par a sus susurros.

En silencio, me adelanté unos pasos y quise destilar unos versos imitando a Machado.

> ¡Callad, árboles, callad!
>
> A la sombra de los álamos
>
> Siento mi vida pasar,
>
> Quisiera detener el tiempo
>
> Que segundo a segundo se va.
>
> Silba el viento entre las ramas,
>
> Bailan sus hojas a la par,
>
> Camina mi sombra en el agua,
>
> Juntos varamos al mar.

Una suave brisa de costado revoloteó la tranquilidad de las hojas y el sobresalto de los árboles no se hizo esperar. Los juncos se arremolinaron sin dejar de protestar, porque se le rompía al río la tranquilidad.

El río flotaba en su vacío poético.

¡Callad, árboles, callad!

> Diez mil caras de diamante
> Talla el sol sobre mi cauce,
> Y hasta refleja una estrella
> Desprendida desde el sauce.
>
> Trina el jilguero en su rama,
> Canta el gorrión en su copa,
> Y yo, río misterioso,
> Esparzo al viento mis notas.
>
> Entre gemidos y cantos,
> Entre remansos de paz,
> Navego por la alameda
> Dejándome arrastrar.

¡Callad, árboles, callad! Dejadle hablar.

> Río del Señorío soy
> Que paso sin acabar.
> Si un día no me encuentras,
> Ven a buscarme al mar.

Pronto me di cuenta de que, por unos segundos, había flotado en un vacío poético y que la verdadera realidad la tocaba con los pies en el suelo. El río me había jugado una mala pasada y yo no fui capaz de evitar caer en la trampa.

Quizás fuera ese mismo viento, o tal vez el agudo y fino oído; el caso es que nos pareció sentir, por un momento, un vago campanilleo de cencerros por las lomas cercanas.

Oteamos por entre los árboles para ver si era sí o no. Quizás algún ganado.

Seguimos avanzando metro a metro río arriba. A ratos césped y hierba, otras veces piazos y terrones. Aquí trigo y centeno, por allá girasol y cebada. Hasta algún huerto suelto con espantapájaros como guarda.

Molina, a lo lejos, como si fuera una estampa. Sus murallas y su alcázar semejaban un cuento de hadas. El río y su alameda inacabada pintaban una procesión vestida de verde, bordada con amapolas y margaritas, sándalo y menta. Una bella postal para guardar en la memoria.

De cuando en cuando, algún que otro terrón suelto o surco mal hecho nos recordaba que el camino por andar había que lucharlo y que, aunque hasta ahora había sido un camino de rosas, más adelante tropezaríamos con ortigas, aliagas y cardos.

De momento íbamos bien, casi acompasados. Charlábamos más bien poco, casi ni nos preguntábamos. Mirábamos para aquí, para allá, para todos lados. Debíamos ir holgados, tal vez un poco desconfiados del camino empezado.

Como el silencio imperaba y nada se preguntaba, me dediqué a observar que la velocidad que llevaba no era ni mucho, de largo, la que más nos interesaba.

Hasta mi sombra alargada afeaba la manera como andaba, y por mucho que aligeraba, nunca la alcanzaba. Mas, consolado, me daba al ver que mi compañero quedaba mucho detrás y hasta a veces se paraba.

—Mal vamos, me dije. A este paso no llegamos.

El río seguía igual, no paraba. Llaneaba aguas abajo sin apenas sobresaltos, a no ser por unos troncos que se atravesaban en su cauce y que salvaba entre el bamboleo de las ramas, el revoloteo de las truchas y el aplauso de las hojas.

Por momentos, habíamos recuperado la formación. Íbamos en pareja, como quijotes, casi marcando el paso. Un, dos; un, dos…

—Así me gusta. Qué bien vamos.

Mi amigo iba de Don Quijote, tieso, con vista en el horizonte. Yo hacía de Sancho Panza, con la cabeza gachada, sabiendo por dónde andábamos y lo que nos esperaba.

Y de pronto, Don Quijote se espanta.

—¿Qué pasa?

—¿Ves aquello, mi querido Sancho? Es un gigante.

—No, mi señor, es un castillo.

—Te digo que es un gigante. No ves la polvareda que levanta.

—Mi señor Don Quijote, son gigantes. Aquel que parece es el castillo de Castilnuevo, y la polvareda que os ciega es un atajo de ovejas espantadas.

—Ahora lo veremos.

—¡Ay, Dios mío! En lo que se va a meter…

Lanzóse a todo trote el incrédulo caballero por medio de los terrones para cerciorarse y comprobar la verdad de la situación, no sin antes entender que a veces un atajo no es más corto que un buen camino.

Y digo esto, pues no es menos cierto que, entre tanto surco borracho y terrón de mala uva, terminó dando tumbos y con sus huesos en tierra.

Mientras la polvareda se difuminaba por el cielo y la realidad salía a buenas luces, iba apareciendo la silueta del presunto gigante sobre el otero que presidía la llanura de la vega.

La realidad era un atajo de ovejas que pastaban en los costerones de la loma de al lado, junto a unas fincas de labor. La polvareda, el resultado del espantón de las ovejas al ser achuchadas por el perro por no obedecer al pastor.

El presunto gigante se convirtió en castillo en cuanto las ramas de los árboles dejaron de moverse y nuestros pasos se salieron de la alameda. Asentado sobre el altonazo y rodeado de una docena de casas.

Un espeso hierbazal, repleto de orgullosos y engreídos cardos, lo defendía con sus fieras lanzas. El castillo, viejo, destartalado, triste, desfigurado y abandonado, rodeado de ababoles y hierbatos.

—Sí, es el castillo de Castilnuevo.

Bordeamos lentamente todo su recinto, aprovechando las veredas que nos dejaban pasar hasta su puerta principal. Una gran escalinata, con las escaleras destartaladas por el descuido y el abandono, nos deja ante la puerta de madera carcomida y rota. Sus recilbajas nos permiten ver con todo detalle el deterioro de su patio, rehabilitado como vivienda.

Y pudimos certificar nuestros presagios. La rehabilitación llevada a cabo era una ofensa a su fama. Una ventana de color azul, unas uralitas como tejado en el patio de armas y unas antenas de televisión como bandera de homenaje a la historia.

—¡Ay, si Doña Blanca levantara la cabeza!

Si pudiéramos, con la imaginación, regresar unos ocho siglos atrás, seguramente nos veríamos obligados a hacer en este mismo lugar una reverencia de servidumbre ante el paso de la comitiva de Doña Blanca de Molina camino del castillo. Y es que estos parajes, por aquellos tiempos, se suponen, si no paradisiacos, sí encantadores y tranquilos.

Una frondosa alameda que acompaña sin cesar al río Gallo hasta las mismas puertas de la capital del Señorío y una ribera sembrada de verdes pastos es aliciente más que sobrado para que se eligiera este castillo como lugar de descanso y de reposo. Sus pocas leguas de distancia de Molina y por un camino en todo momento cómodo para hacerlo a caballo parece ser el lugar ideal de recogimiento de tan venerable señora.

Y es que, puesto a pensar…

A simple vista, podemos observar que se trata de un edificio con pocas defensas y de un tamaño reducido, bien diseñado y con un emplazamiento ideal para la función para la que fue concebido. Consta en los anales que el rey Pedro I de Castilla lo donó a don Iñigo López de Orozco con todas sus entradas y salidas, además de las dehesas, montes, pastos y aguas de sus alrededores. Famosa fue la más que citada en los relatos de la época, la fuente del Burbollón.

Por estos lugares también pasaron, a principios del siglo XV, algunos miembros de la realeza, como el rey Don Juan II, su esposa Doña María y su hijo Enrique, todos ellos emparentados con Doña Blanca, que hicieron que este Señorío tomara renombre universal.

Y dejándonos de historias vanas y de la imaginación, y puestos de nuevo los pies en el suelo, volvemos a la realidad.

Y la realidad es que el tiempo le ha pasado factura al castillo.

Una gran sensación de tristeza y de rabia hizo gritar a los aires nuestra reprobación.

Guerreros de Molina son
Que nunca dieron la espalda
Y al enemigo batieron
Al son de coraza y espada.
Castillos de Molina son
Los que forjaron su patria.

En la elevada colina
Hicisteis vuestra morada
Para siempre vigilar
Y cuidar de nuestra raza.
Castillos son de Molina
Y guardas de la comarca.

En las piedras nos mostráis
Heridas de las batallas
Que al paso del tiempo serán
Sagradas por sus hazañas.
Castillos de Molina son
Y fieles de vuestro Alcázar.
Gritos de desesperación y rabia.

Torres gloriosas de España
Que el Señorío fundaste,
Ahora sois el desecho
Y la vergüenza de la comarca.
Castillos fuisteis de Molina
Y honrados en media España.

Cabizbajos y tristes, nos retiramos entre los arrogantes **benenuchos**, tornando de nuevo al camino y al humedal del río. Un adiós con una última mirada guardada en la retina fue la despedida desdichada.

—Sigamos, amigo, sigamos.

—Eso, vamos.

Hasta Pradilla, una hora escasa, y a Prados Redondos, tres horas en caballería y a patica en dos nos sobra.

En unos minutos, nos vimos metidos en un mar de piazos de cereales. Unos cuantos meandros, y a unos centenares de metros, aparece el pueblo de Pradilla. Como no era el momento ni la hora oportuna, lo dejamos a nuestra derecha y seguimos adelante.

Aquí confluye con el Gallo la Rambla de Piqueras. Es un curso de agua de caudal intermitente que nace en el alto del Pinillo, pasa por Piqueras, el paraje de la Bujeda en el término de Traid y, tras recorrer la cañada de Otilla, va a desembocar en las cercanías del pueblo de Pradilla.

Seguimos río arriba, envueltos en fincas con repoblaciones de pinos prácticamente hasta el puente que cruza la carretera y a pocos metros de donde desemboca la rambla que baja de Castellar de la Muela y Aldeahuela. Desde aquí, una nueva chopera serpentea hasta las lomas donde llega nuestra vista.

Tal vez no hubiera sido mala idea haber hecho el viaje en caballería; de hecho, ha sido el medio de locomoción desde tiempos inmemoriales. Las **reatas** de mulos por los caminos a Molina eran el pan de cada día, y las gentes de los pueblos iban y venían de unos a otros a comprar lo que necesitaban o, en muchos casos, a vender lo que les sobraba o a cambiarlo por otros que necesitaban.

Los había que bajaban de la Sierra con lana del esquilo a cambio de una arroba de aceite, unas docenas de huevos frescos por un pellejo de vino e incluso unas cargas de leña a cambio de cualquier necesidad. Cuentan que en temporadas de caza se desplazaban con sus piezas de perdices, liebres y conejos para hacer el correspondiente intercambio de productos.

Es bien fácil creer tal afirmación. Baste con saber que en cualquier pueblo de la comarca existía el camino de Molina. Era una red de caminos que conexionaban el Señorío y que se iban uniendo entre los pueblos para mayor seguridad entre los viajeros.

Hoy en día aún se conservan muchos de aquellos caminos, que fueron verdaderas vías de comunicación y todos ellos jalonados por pairones, picotas y mojones para su mejor localización. Y por ellos fueron pasando las tradiciones orales de boca en boca, y se difundió la cultura y la religión.

El trasiego era tan constante entre los pueblos de alrededor que las gentes llegaban a entablar una relación de amistad y a veces hasta familiar. Norma de convivencia habitual era que fulanito se quedara a comer en casa de menganito, en tal o cual pueblo, a mitad del trayecto.

No debemos olvidar que Molina fue y sigue siendo el centro geográfico, político y social de la comarca.

Ya lo dice el refrán: "De bien nacidos es ser agradecidos."

Y se daban tanto estas situaciones:

Fulanito: —¿Dónde vas a estas horas?

Menganito: —Pues para casa.

Fulanito: —Te digo que te quedes.

Menganito: —Que voy bien de tiempo.

Fulanito: —Ya sabes, como si estuvieras en tu casa.

Oír decir esto en un pueblo forastero es de agradecer y de valorar en su justa medida.

Muchas veces el ofrecimiento se veía limitado al cobijo en una alcoba con un colchón de paja o a una cena de patatas cocidas con unas cucharadas de grasa de la matanza o unas sopas de ajo. Sea como fuere, lo que calaba en la gente era la franqueza con la que se hacía.

En cualquier caso, casi siempre se empezaba por lo mismo:

—¿De dónde vienes?

—¿A dónde vas?

—¿De quién eres?

—¿De qué familia?

Y casi siempre se acababa igual. Puede que hasta seamos familia.

—Que si el tío tal era de aquí.

—Que si su pariente de allá.

—Que si mi abuelo era de tal.

—Que si eran uña y carne.

—Que como hermanos.

—Que cuando la guerra le ayudó con lo que pudo.

—Que si le vendió por tres duros un **atarre**.

—Que venían a parar a casa en las fiestas.

Y seguían, dale que te pego...

—Era alto y bien parecido.

—Dicen las malas lenguas que si estuvo detrás de su hija y que si lo querían para la hija del alcalde.

Mejor dejarlo aquí.

Y es que, después de desmenuzar y escrudiñar todos los árboles genealógicos, se llegará a documentar con más que acierto que su nombre y apellidos se resumen en un **mote**.

Y cuando llegue la hora de partir, un apretón de manos se convertirá en el sello de amistad recíproca de ahora en adelante.

Lo del mote es curiosísimo. No hay apenas uno que se escape de tal sobrenombre; todos tienen alguno, sea por defecto físico, de familia o por algún aspecto personal relevante. Los Juanes se convierten en Juanillo, Juanazo, Juanete, Juan el Largo, el Chico, el Gordo, etc. Y en la mayoría de los casos no se respeta ni el nombre. Que si el Chapas, el Cojo, el Manco, el Tuerto, el Chulo, los Perejanas, los Peleros, etc.

Ah, eso sí. El artículo "El" por delante para personalizar y recalcar más la condición del personaje. Y, si no era poco, se añade como costumbre la palabra "Tío" para familiarizar más su procedencia.

Puede que resulte peyorativo para el que no esté acostumbrado a este lenguaje, pero realmente era habitual, de uso cotidiano, e identificador en todos los casos.

—Bueno, ¿y a qué viene tanto rollo?

—Pues eso digo yo.

—Ya no sé por dónde íbamos.

—Sí, por Pradilla.

—Ah, ¿que si tuviéramos un mulo para hacer el camino?

—Va, sigamos.

—Pues yo ahora reivindico un burro o me paro.

—Vale, pues nos paramos.

—Tomamos un bocado.

—Y si es más de uno, mejor.

—¡Hecho! Ahora mismo.

—Pues nos ponemos en ese ribazo.

No es que nos tuviéramos que poner de acuerdo en pararnos, es que ya estábamos quietos hacía un rato.

En el campo, cualquier mesa se casa con el hambre, sea donde sea. Cualquier aposento es bueno si no tiene cardos u ortigas.

Desvalijamos el macuto y, como perro hambriento, saciamos nuestro apetito en cuatro mordiscos. Dicho de paso, el chorizo fue de dos mordiscos, pero el pan de hogaza costaba algo más de tragar, así que tuvimos que recurrir a prestarle el culo a la bota para que nos aliviara con un poco de vino.

No sé si es que el trago de vino tinto fue demasiado largo, pero una vez que pasó del garganchón, más que bajar hacia el estómago, se subió a la cabeza. Definitivamente era vino tinto y peleón.

Nos dejamos llevar por la gula unos instantes y nos abandonamos a la tierra para mejor descansar. Por unos momentos me acordaba de aquellos rebaños de cabras que aprovechaban el **sestero** para **rumiar** de nuevo la comida, y es que, de vez en cuando, se escapaba algún que otro viento bucal con el consiguiente olor a chorizo.

Yacentes, panza arriba y medio moribundos, no tardaron mucho en hipnotizarnos con su monótono pendular las mimbrosas ramas colgantes de los sauces sobre el lecho del río y, como consecuencia, la penumbra invadió nuestras retinas.

Apenas unos largos segundos, seguramente unos quince minutos, y un ejército formado por miles de aguerridas hormigas invadió nuestra propiedad con la intención de expulsarnos de su territorio, fuera como fuera, incluso dispuestas a luchar a muerte en aras de las migajas que habíamos dejado esparcidas alrededor. Puedo dar fe de que a mí me subían por las nalgas y hasta llegaban a la entrepierna.

Nosotros, como buenos sanchos panza, que no quijotes guerreros, analizamos la situación y, viendo la diferencia de potencial humano, nos batimos, pero en retirada a más de paso y sacudiéndonos los picotazos.

Con alguna que otra intrusa entre pierna y calcetín, y tras liberar el macuto de todas las que iban merendando dentro, retornamos de nuevo a la ruta.

Por aquí, el río se volvía loco dando vueltas sin saber dónde ir, así que decidimos atajar por las lomas adyacentes hasta salir de nuevo a unas fincas de labor, donde el río de nuevo se convertía en chopera.

Y por fin llegamos al puente donde cruza la carretera de Molina, y donde salen los desvíos a las pedanías de Torrecuadrada, Torremochuela y Otilla. Desde aquí teníamos a la vista Prados Redondos a la derecha y al fondo Chera. Nos alejamos de Prados sin saber muy bien por qué lo llaman Redondo, a no ser que en siglos pasados las fincas de labor fueran prados redondos para alimentar el ganado.

Lo averiguaremos.

En eso que mi amigo sigue mirando a Prados y le llama la atención un personaje que se ve en el puntal del pueblo.

—¿Y aquel bulto negro que se ve?

—Ese es el cura del pueblo. Es de los que aún siguen con la sotana.

—No se mueve.

—Estará rezando el breviario como cada día.

—¿Y para qué?

—Como apenas le quedan feligreses, se pasa los ratos muertos con el libro en las manos y haciendo contemplación.

—Pues vaya vida que se pega.

—Ya, ya, otra forma de vivir.

—Va, déjalo.

De momento, seguíamos en la sesma del pedregal. Eso quiere decir que andábamos sobre los mil doscientos metros de altitud, y la fisonomía del terreno estaba formada por parameras con largas lomas, no muy agraciadas en cuanto a vegetación arbórea. Algunas carrascas sueltas acompañaban a otros tantos robles e infinidad de aliagas, tomillos y tollagos diversos.

Y llegamos a Chera. Una iglesia vigilante, unos cuantos gatos alrededor de las calzadas de los huertos por si algún ratón despistado se dejaba enganchar, y un matrimonio de avanzada edad en el huerto justificando el tiempo.

Eso era Chera, y unos cuantos pajares y casas en ruinas. Y si yo tuviera que mentir, sería un lugar perfecto y precioso para vivir. Algún día volverán los hijos del pueblo, y no solo en períodos estivales o para las fiestas patronales.

Dejamos las últimas casas. Durante algunos minutos, nos espiaron unos campos de girasoles que se apostaban a ambos lados del río con los ojos saltones. Permanecían desafiantes, sin pestañear, como si fueran un ejército en formación de batalla.

La intención era seguir, pero nos dimos un rodeo, pues yo había leído varias veces la misma historia.

Cuentan que apareció un cráneo humano de los primeros pobladores de esta tierra en unos enterramientos funerarios donde aparecieron urnas de cerámica que contenían cenizas y ajuares donde se dejaba entrever un túmulo formado por piedras rudimentarias.

Su fecha estaría datada por los siglos V o VI, sobre la edad de los metales, y se conserva en el Museo Arqueológico de Madrid. Y no es casualidad este hecho, porque no muy lejos, en los alrededores de Castilnuevo, se tuvo otro hallazgo similar en la forma y tiempo.

A escasa media hora de camino, y tras haber dejado atrás las tierras de labor de Chera, se desvanece la alameda, el río se encajona entre las lomas y se vuelve **tarumbo**. Tan pronto para el norte como para el sur, al saliente o poniente. Con tantas eses y eses, al fin pierde su caudal, y su curso se queda seco. Y así, hasta llegar a la altura de Morenilla, donde pasa de largo y se vuelve a meter en terreno de labranza.

Íbamos observando el entorno, comentando sin apreturas las pequeñas pinceladas que nos ofrecía el cuadro multicolor de la naturaleza por el que nos desplazábamos. Un plano grisáceo de lomas que se fundía en el horizonte con un cielo azul celeste, con alguna nube despistada que rompía la monotonía del paisaje.

Un cruce de vallejos nos indicaba que aquel arroyuelo sediento de agua era la Rambla de Morenilla, que tenía su nacimiento en la Sierra de Caldereros y que, a escasos metros del pueblo, perdía su caudal apenas al amamantar el lavadero municipal.

A nuestro caminar se nos ofrecían diminutas florecillas sobre el ribazón que nos protegía del cauce. En su lento marchitar parecían avisarnos del respeto que debemos dar a la naturaleza, a pesar, a veces, de querer poseerla.

¿Quién, en alguna ocasión, no ha tenido la tentación de arrancar unas flores para después tirarlas sin compasión a lo largo del camino?

¿Quién no ha pisado un tomillo o jedrea simplemente por el placer de poder destilar el aroma que desprende?

¿Quién no ha deshojado una margarita para, al final, no aceptar la suerte del destino?

¿Quién no ha llamado ababol a alguien sin pensar que es lo mismo que una amapola?

Dirigimos nuestra mirada a la loma que se abría a nuestros ojos. La gama de colores de sus campos se multiplicaba, agradeciendo con su entorno nuestra vista.

Unos metros más adelante nos encontramos con un pastor que dijo ser de Morenilla. Sus maneras en el andar y su parquedad en el hablar delataban bien a las claras que debía ser de los de antes.

Mientras mi compañero, pez en el asunto, le observaba medio incrédulo por la vestimenta que llevaba, yo me limitaba al cuestionario clásico en estos casos.

—Buenos días.

—Buenos días tengan.

—¿Cómo va la vida?

—Hay que ir tirando como se puede.

—¿Qué tal el **ganao**?

—Ahí va, comiendo lo que puede. No va muy buenazo.

—Vaya, por Dios.

—Hace tiempo que no cae y el campo lo nota. Pero vamos saliendo como podemos. Este año, con las últimas nieves, parecía que iba a ser mejor, pero en la primavera no han querido acercarse las nubes. El campo empieza a agostiarse y eso lo nota el ganao.

—Pues el **atajo** no está de mal ver.

—Coñe…

—¿Cuántas reses lleva?

—Unas cuatrocientas cincuenta, más media docena de cabras.

—Pues ahora van bien **encarás**.

—Porque esta loma es de lo mejorcito.

—¿Esa debe ser la **mansa**?

—Pues sí, solo está pendiente de que me eche mano al saquillo para que le dé unas migajas de pan. Es mi oveja de confianza, siempre me hace caso a lo que le digo, es la que dirige al resto, y por eso lleva ese cencerro tan bonito.

No era ésta la única oveja que podía presumir de llevar al cuello un cencerro. Al menos eran tres o cuatro más que presumían de dotes de mando en el rebaño, y, en los momentos necesarios, eran las que arrastraban al resto hacia donde mandaba el pastor.

Y qué decir del perro color canela que aguardaba al lado a la espera de que su amo le diera órdenes, y, por qué no, lo mismo que a la mansa paloma, otro trozo de pan, cosa que no paraba de reclamar con su insistente movimiento de cola.

Un estridente silbido seco sirvió para que, al unísono, todas las reses levantaran las cabezas y quedaran atentas a la reacción de la mansa y del perro. Ésta respondió con un balido de afirmación, y de manera arrogante se desplazó hasta el redil del pastor con su trotante campañilleo a recibir su recompensa.

Hasta media docena de veces le costó al pastor el que dejara de ronronear alrededor de la mochila de mi compañero y se marchara con el resto del ganado.

—¡Que te come la mochila!

—¡Zas!

—¡Fuera, oveja!

—¡Zas!

Un garrotazo del pastor tuvo que ser el que la convenciera de que su compañía estaba de sobras y que su exhibición había terminado. Hasta el perro tuvo que intervenir con unos ladridos de amenaza para recuperar la autoridad. Mi amigo seguía mirándolo de reojo.

—¿Y la manta ahora para qué?

Una sonrisa se le escapó al pastor, sin comentario alguno.

Mientras mi camarada de la ciudad le preguntaba por el atuendo que vestía, el pastor se entretuvo en enseñarnos una manta que llevaba plegada al hombro, la clásica de cuadros marrones y blancos con borlas, y que, a pesar de los años, todavía le tenía añoranza.

A todo esto, el atajo se iba alejando…

Calzaba unas botas de cuero de las de hoy en día, pero, según él, hasta no hace mucho llevaba las **abarcas** de toda la vida con sus correspondientes **piales** de lana, y cuando llegaba la nieve, sus botos y polainas.

Ya casi ni se veía…

El pastor le hizo un guiño al perro.

Éste le miró y se puso en posición.

Otro enérgico silbido surcó los aires y, al instante, Thuan, como se llamaba el perro, emprendió rápidamente su carrera por el campo hasta el atajo. Una gran polvareda puso en patas la estampida hacia nosotros.

De vez en cuando miraba al cielo, como pidiendo lluvia. Y es que, según nos decía, no le importaba que se pusiera a llover ahora mismo. Se necesita para el campo ya mismo.

—¿Y cuándo llovía qué…?

—Pues que te calabas hasta los huesos.

—¿Y entonces…?

—Pues cogías una pulmonía de órdago.

—Vaya.

—Ni los botos ni las polainas podían impedir que entrara el agua o la nieve por los pies, y, a partir de ahí, catarrazo que te crió.

—Y eso que iban equipados hasta los dientes.

—Sí, sí, menudos calazones cogíamos.

—¿Y por arriba qué se ponían?

—Equipaje completo de lana y pana. Manoplas, pasamontañas, bufanda, pelliza, etc. Todo de carrasca.

—¿De carrasca?

—Sí, de pana gorda, que por aquí el frío engaña mucho y hay que protegerse en demasía.

Echóse mano a la cabeza y, tras quitarse la boina, comprobamos que su extendida calvicie permanecía blanca como la leche en contraste con su tez arrugada y socarrada por el sol y los aires. Rápidamente cubrióse con su boina negra para ocultar sus debilidades o, quién sabe, si tal vez para evitar despersonalizarse.

Puestos ya en conversación, nos enseñó hasta la garrota que, como compañera inseparable, llevaba colgada sobre su antebrazo. Llevaba marcadas sus iniciales, grabadas a navaja, y adornada con unas figurillas geométricas ideadas al azar. La había hecho, como tantos pastores, en los ratos muertos que pasa un pastor en el campo, a base de paciencia y siguiendo las formas tradicionales que aún se conservan por estas tierras.

Según perdía la desconfianza, lo notábamos más abierto a la conversación y hasta satisfecho del interés que mostrábamos por todo lo que le rodeaba. Tal vez entendió que la intención de nuestras preguntas no pretendía resaltar el lado peyorativo de su trabajo, sino más bien valorar en su justa medida cómo mantenía intactas las costumbres ancestrales de los antepasados.

Y fue entonces cuando él cogió la palabra.

—Y ustedes… ¿pa dónde van?

—Nosotros, que todavía somos jóvenes.

—Bueno, pues vosotros.

—Vamos para el pueblo.

—¿Y por aquí?

—Eso si nos da tiempo, porque queremos subir río arriba hasta llegar a Adobes.

—¡Hombre, Adobes! Allí tenía yo…

(Seguro que es amigo, primo, conocido, etc.)

Mientras seguía hablando, echó mano al bolsillo de la chaqueta de pana y sacó un paquete de picadura de tabaco, un librillo y, en un pispas, se preparó un canuto.

—Pues tendrás que aligerar, que hasta allá arriba, a la sierra, os queda un buen tramo. Mi consejo es que acortéis por las lomas, porque por aquí el río no para de hacer eses y adelantaréis bastante. Cuando veáis la casa de **Teros**, enseguida os presentáis en el puente de Tordellego.

—A lo mejor lleva razón.

—¿Si queréis liar un cigarro?

—No, gracias, ese debe ser muy fuerte.

—Bastante, pero uno se acostumbra. El **cuarterón** es lo más económico que hay en el estanco. Entre que lo lías y no, pasa el tiempo, y el emboquillado no sabe a nada y pierde el gusto a tabaco. Y ya que uno paga, que sea pa algo.

—Y tanto.

—Tiene mucha maña para liarlos.

—Unos cuantos llevo hechos. Si llevara la cuenta… Aquí la única compañía, aparte del perro y las ovejas, es el tabaco.

Y es que, de nuevo, sacó el librillo, echó unas hebras de picadura en la palma de la mano y, tras enrollarlo y pasarlo por los labios para engomarlo, con una agilidad pasmosa se hizo de nuevo otro cigarrillo.

Una ligera mueca de sonrisa se adivinó en su rostro al ver la expresión de extrañeza con la que nos habíamos quedado al comprobar la facilidad y el arte que tenía.

Observé con detenimiento la **petaca** que usaba para guardar el tabaco y comprobé que debía de tener varias décadas, pues el desgaste apenas dejaba ver el relieve original que la adornaba. Era de **badana** y, según nos dijo, le venía de su abuelo, que también fumaba mucho. Se la habían traído por encargo una vez que fueron a Teruel por asuntos médicos.

Como el ganado careaba en dirección a la que debíamos seguir nosotros, nos acompañó unos cientos de metros hasta donde terminaba la loma y, desde allí, nos indicó el camino a seguir por si queríamos acortar la ruta.

Durante el tiempo que el ganado estuvo a la vista, tuvimos ocasión de charlar sobre cómo ha cambiado el oficio del pastoreo en los tiempos modernos y cómo los transistores de radio les han abierto la cultura y las noticias a diario.

Ya había tomado confianza. La necesitaba. Tantos días sin mediar palabra hacen que sea necesario tenerla y hablar todo lo posible para explayarse.

Casi hablaba solo.

—Ahora no se anda tanto a pie como antes. Todo el mundo ya tiene auto y lo llevan hasta para mear. ¡Qué tiempos aquellos en que lo indispensable era más que suficiente!

Seguía con su monólogo. Nosotros escuchábamos.

—Pues no sé de qué se quejan. Hoy tienen tractores, coche, agua corriente en las casas y de sobra pa' comer. ¿Pues qué más quieren? ¡Y se quejan!

Machaconamente golpeaba el suelo con la garrota, como reclamando una reivindicación de su pasado no muy lejano.

Entendimos su angustiosa añoranza o, más bien, un deseo encubierto de una segunda juventud, y asentimos sin más a sus afirmativas preguntas.

El ganado se alejaba y él entendió que llegaba la despedida.

—Por allí. Sigan por allí. ¡Y buen viaje y hasta la vista!

Una vez dada la despedida correspondiente y tras varios kilómetros de caminata, uno no tiene más que reconocer que este tipo de trabajo, de la forma tan ancestral como él lo hacía, no ha hecho más que contribuir al mantenimiento de las costumbres desde tiempos antiquísimos.

La base de la cultura de nuestros antepasados se ha transmitido de forma directa a través de la historia, por medio de la sucesión de las personas en el mismo entorno y en las mismas circunstancias. La mediaticidad era un hecho, dada la escasez de noticias que llegaban a estos pueblos olvidados de la serranía.

La soledad, en muchos casos —como en la de los pastores—, es la mejor compañera del ser humano… si es que llega a acostumbrarse, aunque la embriaguez de la misma lo deshumanice.

A medida que avanzábamos por el camino, intentábamos ir olvidando al pastor de Morenilla. De vez en cuando nos preguntábamos cómo era posible aguantar una vida entera haciendo siempre lo mismo.

En solitario, sorteamos unas lomas sin distraer la atención más allá de algún que otro campanilleo que el viento nos traía de ganados que se repartían los pastos del lugar. Y es que, a estas horas del día y con lo que llevábamos andado, ya las piernas empezaban a dar muestras de cansancio, y alguna que otra burra afloraba por los dedos de los pies.

En menos de un centenar de metros fuimos a salir a unas tierras de labor y, casi sin darnos cuenta, volvimos a toparnos con el cauce del río Gallo. Debe ser que él nos dio la vuelta y salió a nuestro encuentro. Nosotros simplemente nos limitamos a seguir por una hoya plantada de girasoles y de algunos cereales, que daban un tono de color al ambiente.

Quizás la querencia al buen camino nos hizo abandonar aquellas lomas pedregosas por las que habíamos atajado la ruta.

Nuestra sorpresa fue mayúscula al observar que el río ya no llevaba agua. Ya nos lo había dicho el pastor: desde la Rambla de Morenilla ya se queda seco.

—¡Vaya, ya nos hemos quedado sin agua!

—Pues echemos un trago de vino.

—Eso, que no nos vendrá nada mal.

Bueno… la verdad sea dicha. A mí no me extrañó nada porque ya lo sabía, pero al compañero de fatigas tuve que volver a explicárselo.

—Este río es como el Guadiana, que aparece y desaparece. Apenas dice "¡hola!" en Orihuela del Tremedal cuando, a la altura de Motos, dice "¡adiós!". Visto y no visto. Y todo porque su escondite está en medio de una formación calcárea propia de la zona, un fenómeno bastante habitual como más adelante tendremos ocasión de estudiar, y más en concreto en el paraje llamado del Arroyo Molinicos, con su famoso Ojo, la Fuente de las Burbujas o el Caño de la Zorra.

Y seguimos andando…

Avistamos en un otero un caserón que debía ser la Casa de Teros. Y es que, en otros tiempos, disfrutó de mucha fama por ser la dueña de toda la heredad de dicha dehesa. Cuentan las crónicas de sus excelentes pastos para el ganado y de sus extensas fincas de labor y de rebollos.

Según la historia, fue concedida al Señor de Embid allá por el siglo XIV, como heredero de su desaparecido castillo y de un pequeño núcleo de casas. Fue usada como moneda de cambio por los servicios a los Señores de Molina.

Posteriormente, pasó a manos de la familia Linares en el siglo XVII y, a partir de ahí, fue comprada y vendida en diversas ocasiones, hasta terminar subastada entre los vecinos de Tordellego, Anquela y Morenilla. Hoy en día, prácticamente se ha convertido en su totalidad en tierra de cereal, a salvo de los costerones que protegen el cauce del río.

Un poco más arriba, el camino se estrechó. Desaparecieron los piazos y el terreno se hizo más abrupto. El mismo cauce del río vacío nos servía de senda sin posibilidad de error. Seguro que nos llevaría hasta el puente de Tordellego.

Íbamos escoltados por un cordel de rebollos en la parte de la umbría y una mancha espesa de arces de Montpelier a nuestra derecha, árboles estos últimos no muy frecuentes en la zona, pero que, cuando llega el otoño, son espectaculares por el colorido vinagreáceo de sus hojas.

De nuevo, el paisaje se abrió ante nosotros con una llanura llena de piazos de cebada, trigo y un espectacular pipirigallo en flor, que pincelaba de rosa la cañada. Unos chopos sueltos nos indicaban el camino a seguir, serpenteando entre el mar de cereal.

Pasamos un huerto, dos piazos de patatas, algunos cardos sueltos, otro pipirigallo en flor, algunos pinchazos, más cardos, más pinchazos… y, por fin, oteamos el puente sobre la carretera, el Santo y el pueblo de Tordellego.

Ya en la carretera, nos acercamos hacia el Santo y nos sentamos en la zona acondicionada de recreo para la gente del pueblo. Cogimos un mendrugo de pan con chorizo y le volvimos a apretar el culo a la bota con el fin de recuperar el ánimo. El próximo pueblo era nuestro destino, y eso nos estimulaba lo suficiente, a pesar de que el tiempo se nos echaba encima.

No pudimos entretenernos en visitar el pueblo, pues el tiempo apremiaba. Tampoco es que a mí me apeteciera mucho; debe ser por aquello de que nunca había buena relación entre los pueblos vecinos. Ya desde niño observaba que, cuando venían los tordelleganos a las fiestas del pueblo, no eran bien recibidos y, a veces, la despedida era a pedradas.

Podría contar algunas aventurillas de mis tiempos de chaval, cuando pasábamos por la carretera en dirección a Adobes. No había otro sitio por donde volver al pueblo y, teniendo en cuenta la rivalidad entre sus gentes, aprovechábamos para hacer alguna trastada.

Puede que fuera una tontería, pero quiero recordar aquella vez en que tenían el pueblo adornado con banderines para recibir al obispo. La cuestión es que, cuando llegó, no había ni banderines, ni pancartas, ni flores, ni geranios. Horas después, estaban en Adobes para recibir a la autoridad competente de la Iglesia.

Por no hablar de aquella vez en que, volviendo los mozos de la fiesta de Hombrados, al pasar por dicho pueblo y a la altura de la ermita del cementerio, paramos los coches. Apagamos las luces y decidimos echar a suertes quiénes debían ir a robar unas gallinas en unos corrales a las afueras del pueblo.

No sé de quién fue la idea ni voy a decir quiénes hicieron de cacos. El caso es que, en pocos minutos, volvieron corriendo con dos pollastres. Arrancamos y a huir tocaba.

Bueno, la historia no acaba aquí.

Al día siguiente, domingo, éramos unos ocho o diez. Como de costumbre, desplumamos los pollos en un periquete y los preparamos fritos para comer en casa de Fulanito. La verdad es que estaban para chuparse los dedos, y más siendo gratis.

Pero la historia no acaba aquí.

Debíamos estar acabando las últimas chichas o tal vez rebañando con pan el aceitillo de la sartén, cuando llamaron a la puerta de la calle. (Por supuesto, estaba cerrada a cal y canto). Tras comprobar por la ventana quién era y reconocer que era vecino de Tordellego, elegimos por consenso que la persona indicada para entrevistarse con él debía ser el viejo de la panda. Para eso era el ideador de estas cosas.

Le tocó a… el Ese, que además era medio amigo y conocido suyo y de su familia. Mal asunto de solucionar cuando el visitante traía las medidas de las zapatillas en una cuerda y los dibujos pintados en unos cartones, y más aún amenazando con ir a la Guardia Civil a denunciar el robo de los pollastres.

Y la historia acabó así:

—¡Anda, pasa para dentro! Hemos sido nosotros, ya nos los hemos comido casi todos, pero te invitamos a un trago de vino y lo olvidamos. ¡Cosas de mozos!

Y, si digo la verdad, hoy día, tras el paso de los años, es de las personas con las que mejor me llevo de Tordellego.

¡Así es como se hacen los amigos!

Y seguimos con nuestro viaje…

Nuestra intención era avistar el pueblo de Adobes entre dos luces. (La mía era más que convenida; la de mi compañero y camarada, más que deseada). Y es que, cuando nos pusimos de pie, nos dimos cuenta de que habíamos crecido dos o tres veces más de lo que éramos. No es que nuestra altura hubiera aumentado, sino que el sol, al aproximarse al occidente, distorsionaba la figura.

Dejamos el Santo (en realidad, un pairón de los muchos que hay a la salida de los caminos), ahora pintado en verde y oro, aunque en otros tiempos llegó a estar hasta de negro. Y es que en este pueblo tienen unas ocurrencias…

Seguimos Rambla arriba, ya metidos en medio del mar de cereales y navegando entre las olas de la cañada. A nuestros costados, unos acantilados bordados de espliegos, aliagas y tomillos, jalonados por pequeños colmenares escondidos en los recovecos de las rocas.

Nos tomó una media hora larga salir del mar para encontrar el camino firme: una larga pista que termina donde el curso del río se estrecha y ya no deja seguir. Aquí se acaba la tierra de cultivo y empiezan de nuevo las lomas.

Y, hablando de mares, estos parajes, en tiempos inmemoriales, estaban cubiertos de agua, y es especialmente abundante la proliferación de fósiles. Es fácil, tras las tormentas, encontrar amonites, palominas, etc., en los costerones erosionados.

Ya no había duda. Yo lo conocía muy bien y sabía que, desde este lugar, debíamos abandonar el curso del río para acortar camino al pueblo. Un repecho de un kilómetro nos obligó a controlar nuestras fuerzas para no desfondarnos. Desde aquí, ya se veían las carrascas que anunciaban el término de Adobes.

A partir de aquí, el río Gallo deja su nombre y pasa a llamarse Rambla: la Rambla de Tordellego, la Rambla de Adobes, la Rambla de Piqueras, etc. Este nombre viene dado por las riadas espontáneas que se producen cuando llueve con tormenta en la sierra o bien cuando caen grandes avalanchas de nieve y el deshielo se acelera por la subida de temperaturas.

Yo he tenido la ocasión de presenciar, y no hace mucho tiempo, cómo se desbordaba en el puente que cruzamos anteriormente al paso por la carretera de Tordellego. Es un espectáculo impresionante: un río casi inexistente convertido en una avalancha de agua descontrolada, arrasando todo a su paso.

Dejamos la Rambla a nuestra espalda. El sol avanzaba cada vez más aprisa y nuestras sombras ya se perdían por el camino. Las piernas se volvían más cansinas y torpes al andar. Las carrascas estaban cada vez más cerca, y el ánimo, al borde del abandono.

Superamos las últimas rampas y, casi sin darnos cuenta, estábamos en el mojón que marcaba la división de los términos de los pueblos. Tenía que ser el de Adobes.

Y llegamos a lo alto.

—¡Aleluya!

—¿Qué?

—Que estamos en el pueblo.

—¿Qué dices? ¡Aquí no hay nada!

—Todo esto que ves es el Monte Llano.

—Llano sí… pero lleno de carrascas.

—Pues claro.

—Vaya, qué desilusión.

—¡Qué va, compañero! ¡Qué ilusión!

Como si se tratara de un ritual, me paré unos segundos antes de pisar la tierra sagrada y di gracias al infinito por estar de nuevo allí.

Estaba en mi pueblo, ADOBES.

El astro sol se nos despidió por occidente, dejando sus rayos de luz entre las ramas del carrascal. Como saetas, cruzaban disparados por los confines de Setiles y Tordesilos hasta ir a estrellarse en los terreros de las minas de Ojos Negros. La tarde era muy bonacible, y el camino, por ahora, era todo llano.

La alegría que llevaba por mis adentros hacía que aligerara el paso y que mi amigo casi tuviera que trotar para seguirme.

Animados por la ilusión de hacer camino en lo nuestro y deseosos de avistar el pueblo lo antes posible, nuestras flacas fuerzas, que ya rendían cuentas por el esfuerzo de tan maratoniana jornada, se convertían por momentos en jadeantes y trotonas.

El atardecer avanzaba. Yo, a pesar de las prisas, quería sacar tiempo para comentar a mi amigo lo que nos iba saliendo al encuentro.

Él **rengeaba**, como si la paliza fuera en aumento.

Yo lo animaba.

Él poco divisaba.

Yo todo me lo imaginaba.

—Mira por allí, todo eso es el Monte Llano.

—Bueno, casi llano.

—Y ahí, más adelante, verás…

—¿Qué es eso?

—**El Pairón del Cura.**

—Pero si parece una lápida.

—Pues eso es.

No supo muy bien lo que le quería decir con mi respuesta, pero el gesto de apartarse fue más que evidente.

—¡Vamos, vamos, que no llegamos!

—Es que estoy fundido, y con la penumbra lo veo todo negro.

—Que ya pronto lo vemos.

—No sé cómo, si ya está anocheciendo.

—Si no nos hubiéramos enredado por el camino, ya estaríamos hace rato en el pueblo descansando.

—¡Oye! ¿Aquello parece un fantasma?

—¿Qué fantasma ni qué muertos?

—¡Míralo!

—¡Anda ya! Aquella es la **Carrasca del Muerto**.

—Mira que me estás metiendo miedo, y yo no estoy acostumbrado a vivir entre tanto cementerio.

—Joder, pues no lleva siglos puesta ahí. Si fuera a contar todas las personas y avatares que han pasado a su lado, no acabaría nunca. La pobre ahora anda un poco pachucha; se le están amontonando los años y los siglos, y la climatología tampoco le ha acompañado en demasía en los últimos tiempos. Ley de vida, qué se le va a hacer.

Íbamos a la par, casi marcando el paso. Él, con un poco de miedo, apartándose del monte. Debía ser por si acaso…

¡Vamos!

Y debió ser que un mal paso…

—¿Qué pasa, que tienes miedo?

—Miedo, miedo… casi acojonado.

—No es nada, ya te irás acostumbrando.

—Es que a oscuras todo se ve negro.

—¿Ves aquello que resalta entre las ramas? Esa es la paidera del Monte, donde viven los gitanos.

—¿¡Gitanos!? Déjate de tonterías, que el pelo me estás tomando.

—Ya verás cuando nos vayamos acercando.

Él aligeraba el paso.

Yo ponía otro tanto.

Él avanzaba delante, como desconfiado.

Yo aligeraba el paso para poder alcanzarlo.

Él aceleraba el ritmo, como si fuera a caballo.

Yo, trotando a la par, hube de descabalgarlo.

—Sooooooo…

—Siiiiiiiii…

—Para, hombre, que no es para tanto.

—Si yo solo caminaba animado por la brisa que está empezando a darnos.

—Que ya estamos dejando el monte y los fantasmas imaginarios.

—Si verdad fuera, me sintiera aliviado, porque echar a correr ahora, después de tanto andado, es seguro un morrazo contra el camino o hasta un descalabro.

—Me ha parecido ver…

—¿Un gitano?

—No, me ha parecido…

—¿Qué?

—Ya lo verás, hermano. Una gran alegría te está esperando.

—Qué bien, porque ya estoy desesperado.

—Pues ya casi…

Recuperado el aliento tras pasar el falso llano, échome una mirada indiscreta, acompañada de engaño, y dijome, asintiendo con la cabeza:

—¡Vaya día que me has dado!

Eran las diez y pico,
del anochecer está claro,
cuando unas diminutas luces
parece que se asomaron
al fondo de un altonazo,
con rumores de habitar
gentes de algún poblado.
¡Aleluya! Helo aquí.
Parece casi un milagro.
Ese es mi pueblo, Adobes,
apenas se halla cambiado.
Eché mi brazo en su hombro,
como reconociendo mi engaño,
al ver que mi compañero
quedose medio extrañado
al entender que mi pueblo
no era el imaginado.
¡Quía! Son las sombras de la noche
las que te han equivocado.

Ya verás con buenas luces

cómo lo encuentras cambiado.

En medio de la penumbra, enfilamos cuesta abajo, olvidando la carrasca que dormía a nuestro lado. Era la de las **Alforjas**… cuántos años soportando los malos aires de invierno y el sofocor del verano. Cuánto tiene que contar de lo que por aquí ha pasado y cuántos pastores han sesteado sus ilusiones de **antaño**, dejando en las alforjas sus sueños imaginarios.

La luna pintaba el camino como un renglón remarcado entre los sembrados. Nos deslizamos acompasados, acelerando el paso, y casi sin darnos cuenta llegamos al royo de la **Hoz**, con olor a espliego y pipirigallo. Un reguero de agua fresca se adivinó al pisarlo y unas revoltosas ranas saltaron a nuestro paso. No fue grande el susto, pues ya estábamos a otros sobresaltos de mal gusto allá por el **Monte Llano**, cuando rondaban por nuestras mentes la cuadrilla de gitanos.

Ya por el **Prandonero** (Prado Hondonero), él me decía:

—Son cuatro.

—Yo seguía recitando: Allá atrás, **Sancho García**; arriba, la **Loma del Santo**; al fondo, la **Chaparilla**; al…

—Te digo que son cuatro.

—Ahí al lado, el **Arbolejo**, la **Peñuela** y el **encaño**.

—¿Qué encaño?

—El de la tía **Narcisa**, donde vigila un viejo escuerzo a todo el que pasa y que debe vivir desde antaño.

—¿Y quién era esa señora?

—Pues no sé nada de ella, pero habrá que investigarlo.

—¿Y esas ranas que, croando, festejan la llegada del verano, dónde están?

—Están en la **Colmenilla**, donde se lavan las mozas el pelo y algún que otro sayo para mejor parecer a los ojos del vecindario.

—Ya, ya… pero que solo son cuatro.

—¿Cuatro qué…?

—Pues cuatro farolas.

—Debe ser que las están cambiando.

—Ah…

—Y se lo ha creído el payo.

Íbamos caminando a la vez que hablando. La silueta del pueblo se dejaba entrever a la luz de la luna creciente, todavía desperezándose de las legañas del saliente.

—Si son cuatro, pero ya verás con buenas luces cómo cambias de opinión y hasta te sobran las farolas. Aquí la luz natural, aunque sea de la luna, es la que alimenta la vida.

Entre miradas nos fuimos acercando al pueblo.

Entre el chirrido constante de grillos y de chicharras parecían adivinarse rumores de gente civilizada. Unos perros ladraban cerca de las casas, seguro que adivinan que alguien que no era del pueblo, poco a poco se acercaba.

Estábamos llegando al Barrio de Abajo, antiguamente llamado Barrio del Amor porque allí se perdían las parejas de novios.

Dicho barrio quedaba separado del pueblo en su parte norte con cuatro casas y rodeado de eras de trilla, pajares y casillas para guardar las ovejas y demás animales domésticos. Hoy en día, todo ha quedado reducido a unas naves prefabricadas condenadas al abandono.

Nos quedaba el último repechón.

Dábamos gracias al cielo por habernos acompañado.

Y a la luna por habernos alumbrado.

Nos quedaban cuatro pasos.

Los perros seguían ladrando.

Ya entre los pajares, nos llegaban voces de habitantes. Y la luz de la primera farola del pueblo alumbraba los árboles del **Cantón** y su escalinata.

Dos pasos y catorce escalones.

—¡Uffff! Qué bien vamos a dormir.

—No lo sabes bien tú.

—En cuanto lleguemos, tiramos las mochilas y al catre.

—Me da igual cama que catre.

—Lo malo es que no tengamos ni catre ni cama.

—No me jodas.

—Pues nos vamos al pajar a dormir con las chincharas.

—Eso es lo que me decías cuando me invitabas a venir al pueblo.

—Que si no hay cama, seguro que hay paja.

—Pues me da lo mismo, que nada.

—Por fin llegamos.

—Menos mal, porque ya no me siento las piernas y mis huesos andan destartalados.

Ya estábamos entre las casas. La luna, ya calmada, empezaba a remarcar los tejados, las chimeneas y la torre de su iglesia. Las tenues farolas dejaban entrever los callejones formados por oscuras paredes de piedra y, hasta en las ventanas umbrías, se escapaban algunos rayos de luz artificial.

Los ladridos de los perros se nos echaron encima, amenazantes, advirtiéndonos de que éramos forasteros y que la gente del pueblo debía enterarse de tal circunstancia. A estos se unieron otros cuantos más, y por poco nos dejan entrar en el pueblo. Qué buenos centinelas se gastan por aquí.

Ya pasado el **Cantón**, la plaza **Vieja**, el **Trinquete**, nos presentamos enfrente de la torre y del **Tiro Barra**.

Estábamos solos en medio del pueblo, en medio de nada, bajo las estrellas y a la luz de la luna.

Nos dimos un abrazo de bienvenida.

—¡Uffff! Contaba con que no llegaba.

—Yo respiraba.

—Él se paraba.

—Si fuera ahora, no empezaba.

La luz de la primera farola casi cegaba la poca lucidez que nos quedaba. Nos dimos media vuelta para ver el camino andado y respiramos una bocanada de aire fresco para recuperar el aliento.

A la derecha, en casa de la tía Rumaldas, se adivinaba una tenue luz a través de la ventana, que más parecía de un candil que de una bombilla gastada.

Y, al lado, un gato subido a un ciruelo trataba de evitar la molestia de los perros.

Y de frente...

—¡Héla ahí! Esa es la casa.

—¿Qué casa?

—La de mis padres.

—Esa... Pues no se ve luz.

—Pues es que no hay nadie.

—¿Y dónde están a estas horas?

—Pues jugando.

—¿Jugando a qué…?

—A las cartas.

—¡Vaya! Lo que nos faltaba.

Me imaginaba esa situación porque era una costumbre bastante arraigada. Unas veces en una casa y otras en la otra.

Y, como también solía ser costumbre en los pueblos, muchas veces dejaban la llave de casa colgada en el umbral de la puerta por si llegaba algún miembro de la familia mientras estaban fuera, aunque en este caso no creo que pensaran que llegáramos a estas horas y en estas circunstancias.

—¿Qué hacemos?

—Si quieres, nos acercamos al bar.

—¿A qué…?

—A tomar algo.

—Con las pintas que llevamos…

—¿Y qué…?

—Mejor que no.

—Vamos a mirar.

—Vamos…

—Yo creo que mejor sería buscar a tus padres.

—Bueno…

En vista del jolgorio que tenía la media docena de chavales por el Portalillo y del ambiente que se presumía por el bar, le insistí en entrar al local y tomar un refresco para paliar el cansancio que acumulábamos y, de paso, por si había algún familiar o amigo a quien saludar.

Él hizo un gesto de negación.

—No, no tengo ganas de nada.

—Hombre, ¿de nada…?

—Mejor dicho, de descansar. Tengo los pies molidos.

—Pues yo, hechos polvo.

—¿Y dónde viven tus tíos?

—Allá abajo.

—¿Pero muy lejos?

—En la penúltima casa del pueblo.

—¡Joder! Un poco más y se van fuera del pueblo.

—No, aquí todo queda a tiro de piedra. Desde esa esquina se ve la casa.

—Pues vamos a asomarnos.

—¡Vamos!

—¿Es aquella?

—Sí, y se ve luz.

—Allí están, seguro.

Bajamos la escalera con más tiento que otra cosa, no sin antes advertirle del estilo rústico de su construcción y de la desproporción de sus peldaños, debido a la inclinación del terreno y a los arquitectos que la hicieron.

Me puse delante por si acaso el azar decidía invitarle a comprobar dicha afirmación y, de esa manera, caería encima de un servidor y lo salvaría de un descalabro.

Llegamos a la altura del corral de la casa, donde una pequeña ventana nos desvelaba la incógnita que estábamos buscando. Pudimos ratificar que, efectivamente, nuestras sospechas eran ciertas. Hasta nos pareció oír cantar un veinte en copas y un puñetazo en la mesa que indicaba que la jugada era de órdago.

Toc, toc…

Unos golpes sobre la puerta fueron el aviso de nuestra presencia y, sin más preámbulos, nos presentamos en el portal casi a ciegas, a no ser por unas rendijas en la puerta que dejaban salir unos rayos de luz y daban acceso a la cocina de la casa.

—¿Quién hay? —preguntamos.

—¿Quién va? —respondieron.

Volvimos a insistir con más fuerza.

Tras un breve silencio…

—¿Quién va?

—Somos nosotros.

—Pues pasad, ¿qué esperáis? Está abierto.

Subimos el escalón de separación, agachando la cabeza por si la altura no era la adecuada a la nuestra y así evitar un posible coscorrón, que casi siempre se suele dar en casa ajena.

Encontramos a las dos parejas más pendientes de la partida de cartas que llevaban entre manos que de la llegada de estos dos pobres y maltrechos caminantes.

—Pero bueno, ¿cómo llegáis a estas horas?

—Uy, es largo de contar.

—No os esperábamos ya.

—Pues aquí estamos.

Unos breves saludos con los besos de tradición fueron suficientes para que nuestras caras reflejaran el estado de ánimo en que estábamos. Diríase que más que anímico debía ser lamentable, aunque en realidad lo que nosotros notábamos en el interior y el exterior debía ser evidente para sus ojos.

Tampoco era cuestión de pedir auxilio. Estas caminatas se las hacían antaño sin rechistar y de ida y vuelta. Por lo tanto, antes de exagerar o quedar mal, mejor disimular lo que pudiéramos.

A la vez que intercambiaban preguntas y respuestas, mi tía, con voz autoritaria y acertada, interrumpió la conversación y, tras levantarse de la mesa, se dirigió a nosotros y…

—¡Vamos, vamos! Recoged esas cartas, que estos muchachos tendrán hambre de verdad.

Cuánta razón llevaba, se lo estaba imaginando.

En un momento, se metió en la cocina y nos preparó unas sopas.

Yo sabía que eran sopas de ajo porque el olor era más que evidente y, siendo por la noche y tan rápido, no podía ser otra cosa.

Mientras mi compañero intentaba adivinar el contenido del perol de barro haciendo muecas con la nariz, el vapor emergía por el centro de la mesa, inundando todo el comedor cual volcán emanando fumarolas a discreción.

Me pareció oír un agudo ruido a madera hueca y me temí lo peor… o quizás lo mejor, pues procedía de una alacena junto a la fregadera donde mi tía guardaba unas viejas tinajillas con algún que otro resto del frito de la matanza del cerdo del invierno anterior.

Yo pensé: Esta es la nuestra.

—¡Vamos!

—¿A qué esperáis? —repetía mi madre.

—Esa sopa resucita a los muertos —ratificaba mi tía.

Eso es lo que esperábamos nosotros, que resucitara a los muertos, porque si no muertos, medio moribundos sí que estábamos.

Ya el vapor del perol había convertido la bombilla en miope cuando un tufillo a chorizo empezó a llegar a las narices. El chirribeo de la sartén no engañaba, y el ambiente del comedor se llenó de síntomas de segundo plato.

El par de tazones de barro, ya calmados, dejaba ver unas huelgas de pan flotando sobre el caldo. Mientras nuestros sorbos sonoros repetían al compás que aquello aún quemaba para beber, ellos interponían preguntas y respuestas para enterarse de cómo, de quién y de qué manera habíamos llegado a esas horas.

Creía que mi camarada foráneo no conocía la sopa de ajo, pero, por el entusiasmo puesto, llegué a pensar lo contrario. No se chupaba los dedos porque se comía con cuchara, pero, aun así, una vez acabado el tazón, avaría con avaricia las pocas hebras de pan que quedaban en el fondo.

Una vez acabado el brebaje—pues aquello tenía síntomas de milagroso por su rápido efecto—, asintió rápidamente a mi pregunta, respondiendo sin titubeos:

—¿Qué tal?

—¡Buenísimo! ¿Se puede repetir?

—No faltaría más.

—Lo que quieras —le respondieron los allí presentes.

—Esta sopa está de gloria.

—De gloria… y tanto que sí, resucita a los muertos.

Notábamos que se miraban entre ellos con complicidad, como extrañados del excesivo apetito que demostrábamos a esas horas de la noche, y hasta con un poco de malévola intención insinuaron que podían servirnos un poco más, aunque fuera de esa verdura que guarda la gente mayor de un día para otro cuando están de régimen.

Con picardía, no dudé un momento en responder a sus halagadoras ofertas con un ligero movimiento de cabeza y hasta me lo tomé con cierto cachondeo.

Y como con la mirada a veces se expresan mejor los deseos, me quedé fijo en el plato que había esperando en la cocina.

—¡Venga! Acerquen esos chorizos que hay calentitos, que les vamos a dar la buenaventura.

—¡Ojito! Mucho ojo con lo que vais a hacer, mirad que comer tanto por la noche es malo para la digestión.

—Pues le ayudaremos a la digestión con unos tragos de vino.

—Por cierto… ¿y el porrón?

—Ya, ya viene, que ha ido a llenarlo a la cuba.

Había acabado el primer acto con la sopa de ajo y, de repente, se nos presentaba el segundo acto, y con muy buena pinta.

Aún no había llegado el plato a la mesa cuando ya insistían en que empezáramos la pelea.

—¡Vamos, vamos!, que no se diga…

—¿Pero de dónde han sacado esto?

—Siempre hay un rinconcillo. El que guarda cuando puede, tiene cuando quiere. Esto lo tenemos guardado en la tinajilla por si llega la ocasión.

—Pues en ese caso…

Y es que venía el segundo acto en forma de plato de matanza con ganas de amargarnos la noche. Que si un trozo de lomo por aquí, que si un hueso de costilla por allá, chorizos por todos lados y hasta unas cortezas viejas acompañadas de unos trozos de morcillas de antaño.

La vista parecía marearse ante semejante alegría carnal, sin saber a dónde llevar el tenedor. Tanta gula tenía que ser pecaminosa, y nosotros no disponíamos de dispensa ni eclesiástica ni civil.

—Mira que si…

—¡Vamos!, que un día es un día.

—A ver si viene el porrón.

Y comenzó el segundo acto.

Y comenzó la función.

Chorizo y trago de vino, lomo y más vino, vuelta al chorizo y vuelta al porrón, el tenedor que no para, la correa que aprieta el pantalón, un trozo de lomo y porrón, un… punto más a la correa para mejor hacer la digestión.

Un trago final de vino y se acabó la función.

—¿Qué…?

—Ya.

—Sí, sí, de muerte. Esto está para morirse.

—Muertos vais a quedar cuando lleguéis a la cama esta noche.

¡Válgame Dios, que el cuerpo pedía cama!

Y se bajó el telón.

Amén.

Una estruendosa ovación sonó por todo el comedor.

Hubiéramos aguantado un rato más la compañía (que no la de los chorizos y cía.), pero el cuerpo pedía a gritos el descanso y casi nos tuvimos que hacer los muertos para poder ausentarnos.

Con la llave ya en mano, enfilamos escaleras arriba. A las corvas de las piernas se les habían atragantado los chorizos y no respondían a la hora de subir los desdentados peldaños. Tuvimos que abusar de la fuerza de los brazos en los pasamanos de la barandilla para que se decidieran a arrancar.

Llegamos como llegamos. Con la lengua fuera.

Estábamos en casa y con cama, ¡casi na'!

Después del largo y penoso día, nos quedaba toda una noche por delante para recuperar de nuevo las fuerzas.

Enseguida enfilamos el pasillo que separaba las habitaciones y, tras mirarnos a los ojos…

—¡Hasta mañana! Y que descanses en paz.

—Que así sea.

Una vez hube abandonado a mi maltrecho compañero a su suerte, en cama de jergón de lana con manta de charlatán murciano y colcha amantillada en castizo madrileño, fuime a la ventana, a la que tantas veces recurría en momentos en que me sentía agobiado física y mentalmente para reponerme del exhausto día.

Soy una persona reñida con la cama, y eso no quiere decir que lo esté con el sueño. Media hora a mediodía, si es que sale al pelo, y unas cuatro por la noche me son más que suficientes para poder seguir viviendo cada día. Realmente no sé en qué malgasto el resto del tiempo, aunque con cierta frecuencia suelo convivir por el día y vivir por la noche.

Aquella noche era muy especial para mí. Necesitaba de ella para poder sentirme en mi pueblo y, a la vez, descontaminarme de mi lugar de procedencia.

Abrí las ventanas de par en par.

Al abrir las hojas de la contraventana, observé una noche maravillosa, repleta de estrellas bulliciosas, con una luna majestuosa en medio de un cielo enigmáticamente infinito.

Un pestillo, receloso de abrirse, respondía con unos ligeros gruñidos a mis intentos de abrir el telón del gran teatro de la naturaleza.

Y abrí totalmente.

Una gran bufanada de aire fresco invadió el salón de manera sobrecogedora. Un gesto de extrañeza hizo que mi cabeza intentara esconderse en el cuello del jersey hasta que, pasado unos instantes, se acomodara a la situación reinante.

Estaba solo ante todo.

Apoyado sobre el marco de la ventana, cual poeta perdido en la inspiración de su musa, podía percibir una mezcolanza de olores aireados por la brisa húmeda del campo, que por estas horas de la noche rezuma su máxima fragancia.

Respiraba profundamente.

A escasos metros de distancia, unas jardineras con algunas matas de espliego y menta contribuían a recargar el ambiente.

Todo era perfecto, casi irreal.

El horizonte apenas me permitía ver la línea de la carretera y unos escasos esbozos de la ermita y su olmo.

Yo seguía apoyado en el umbral de la ventana, escuchando los grillos que no dejaban de festejar no sé qué… Yo, desde luego, no los entendía, aunque ellos debían tener motivos para estar tan contentos.

Todo un concierto.

Y hasta el mismo cuco, aquel de mi infancia, volvió de nuevo al árbol de la iglesia por las mismas fechas y a la misma hora a acompañar a la noche. El mismo cuco que hacía que me durmiera cada noche de niño.

Todo un ensueño.

Observaba el infinito mar de estrellas de manera rara y extraña, casi irreal. Mi mente se abandonaba en el nebuloso firmamento, llevándome fuera de mí.

Todo un sueño.

Hipnotizado por el intermitente aleteo del cielo y por la pesadumbre del agotamiento, mis párpados empezaron a oscurecer mi cansada mirada.

Yo ya no estaba. Y si es que estaba, había pasado a otra dimensión.

Poco a poco sentí perder la noción del tiempo. Una sucesión de secuencias pasadas empezó a mezclarse de manera espontánea con vivencias actualizadas; imágenes de los años setenta parecían reeditarse con toda fiabilidad a pesar del tiempo transcurrido.

Por unos momentos me sentí correteando entre los callejones de las casas, jugando al escondite con el resto de los muchachos de la pandilla, y hasta me pareció meterme en algún **catruchil** o **zahurda** para que no me encontrasen.

¡Alto!

Un sobresalto y…

Levanté la cabeza y… ¡Chasco!

Entre las risas de las miles de estrellas que me estaban observando, me pareció ver a la luna riéndose a carcajadas.

—¿Qué? —me dijeron—. En las nubes.

—¿Qué? ¡Uy!

Casi me sonrojé.

Dado que la situación para mí era lo más agradable y excitante que podía encontrar en esos momentos, y mis espectadores parecían disfrutar de lo lindo, no le di más importancia a lo ocurrido y me abandoné al sueño de nuevo.

En un tris, tras...

Un ligero campanilleo en la lejanía de algún ganado trasnochador y los cantos de grillos y chicharras me hicieron caer de nuevo en un ligero sopor.

Me quedé dormido.

Me abandoné a la luna.

—Me voy a dar un paseo —me contesté.

—¿A dónde? —me preguntaba la luna.

—Hasta la ermita.

Tenía que tomar el aire. Y tenía que ser como en todos los sueños. Era recurrente, se repetía con cierta frecuencia.

Recuerdo de niño, cuando todavía estaba en la escuela, que al mes de mayo se le llamaba "el mes de las flores" y cómo la gente del lugar agradecía el resurgir de la naturaleza depositando un ramo de flores sobre la ventana al regreso de las tareas del campo, y cómo se paraban unos segundos para conversar con la Virgen.

En aquellos días maravillosos de primavera, su enrejada ventanilla se veía poblada de flores silvestres, depositadas en acción de gracias unas veces o en rogativas secretas la mayoría de las veces. ¿Cuántas margaritas y amapolas habrán desprendido sus hojas en un deseado "sí" entre las celdillas de su tela metálica? ¿Y cuántas "Aves Marías" habrán transpirado a través de sus cristales?

El azar quiso que yo también me hiciera devoto para siempre. Y no fue por mis recuerdos de chiquillo, sino por una casualidad de las que pasan de vez en cuando.

Hay una imagen que nunca he podido borrar de mi mente.

Te la voy a contar.

Tuvo que ser a finales del otoño, posiblemente un fin de semana de noviembre, en aquellos años en que el pueblo se resistía a dejar de serlo. Por motivos varios, que ahora no vienen a cuento, en uno de los tantos viajes que solía hacer —vete a saber para qué, seguramente a pasar un día de caza o simplemente a perder el tiempo para oxigenarme—, decidí darme un paseo hasta la dehesa, pues el aire venía más bien fresco y era de aprovechar.

Las nubes amenazaban por el rincón del Pinillo, pero nadie podía imaginar que fueran de nieve. Por estas fechas, a uno siempre le queda la duda de si será o no será.

Y viene al caso…

Y fue.

Y tanto.

Caminaba entre los primeros copos de nieve, intentando cogerlos al vuelo. La cosa parecía divertida, pero cuando quise darme cuenta ya llevaba la cabeza cubierta y parte de las hombreras. Aceleré el paso para refugiarme en la ermita y resguardarme bajo la puerta. La vista del pueblo era de postal a través de la cortina de nieve. Todo un espectáculo.

Y fue en ese momento cuando mi vista quedó atónita.

—¿No puede ser?

—No.

Una puerta resquebrajada y rota por el abandono me permitió ver los restos de un destartalado tejado por el que penetraban los copos de nieve.

Todos aquellos años que habían pasado desde que la gente del pueblo decidió marcharse habían creado un injustificado abandono que incluso afectaba a las raíces más hondas, esas que siempre sustentaban la conexión entre las familias del pueblo.

Giré la mirada y vi cómo los copos llegaban hasta el mismo altar y se posaban en el manto de la Virgen.

Una rabia de culpabilidad me invadió.

Un nudo se hizo en mi garganta.

La observé durante largo rato y solo mi corazón fue capaz de hablar.

Quedé atónito y habló mi corazón.

Está nevando en el cielo

Y busco entre copos su cara,

Tengo miedo de temerla

Y mirar en su mirada.

Sigue nevando en sus ojos

Y sus pupilas palpitan,

Y entre sus cabellos canos

Se adivina una sonrisa.

Quieta sigue tiritando

Entre mariposas blancas,

Yo le miro, ella me mira

Con sonrisa de escarlata.

No pude seguir más. Aquello era demasiado para mí.

Yo, que tanto quería a mi pueblo, tenía que pasar por esto. Cabizbajo y pensativo, me di media vuelta, intentando olvidar aquella penosa visión.

Por entonces se vivían tiempos difíciles en el pueblo, problemas de identidad básicos para su propia supervivencia. Tiempos muy difíciles, casi insalvables.

Y pasaban los días, los meses, los años…

Yo cada vez volvía más.

Y más.

Mis idas y venidas al pueblo hacían que cada vez me sintiera más identificado con sus problemas, y fue en aquellos momentos cuando la chispa encendió la llama que llevaba dentro de mí.

Y pasó el tiempo…

Poco después, la Virgen encontró cobijo en un rincón de la iglesia tras el desalojo de la derruida ermita. Y quién sabe si esta señal de agradecimiento hizo que hubiera una explosión de ánimo en las gentes de buena voluntad. Tras una concienciación popular, se puso en marcha la iniciativa de reconstruirla y, en un breve espacio de tiempo, la ermita fue rehecha en su integridad, volviendo a ser la de siempre.

Fue visto y no visto. Un par de semanas de agosto, con veraneantes sacrificando sus vacaciones, seguramente las más inolvidables de su vida.

Yo, por mi parte, me siento especialmente agradecido a esta ermita, pues en ella tuve el honor de celebrar el bautismo y la primera comunión de mis dos hijas, y, sobre todo, porque fueron ellas mismas quienes lo decidieron, incluso con edades avanzadas para la tradición del pueblo.

Quizás aquel día la Virgen decidió que así tendría que ser.

En cualquier caso, agradecido de verdad.

Aquellos copos los había sentido dentro de mí.

Sentí frío.

Me veía entre todos aquellos amigos y vecinos del pueblo, zozobrando entre las piedras y los materiales de construcción para que a los albañiles no les faltara materia prima para seguir la obra.

—¡Eh…! ¡Que te duermes!

De pronto, me encuentro frío y perdido en medio de la noche.

—He vuelto a dormirme.

—Sí, sí —vuelve a responder de nuevo la luna, metida entre las ramas de la acacia que le sirve de parapeto para observarme.

—¡Vete ya! —le dije—. Déjame tranquilo, que yo a ti no te molesto.

—¡Vete tú a dormir! —me contestaba ella.

—¿Te molesta? —le pregunté.

—Molestar, molestar…

—Pues entonces… encima que te hago compañía.

—Vaya compañía… ¿si al menos hablaras?

Como el que no lo quiere, se nos hicieron las tantas de la noche, hasta tal punto que, aburrida, se fue alejando poco a poco, medio adormecida por el cielo estrellado. Ahora me tocaba a mí contemplarla.

—¿Qué miras?

—A ti, Luna.

—¿No tienes otra cosa que hacer?

—La verdad que no.

—Te quedarás dormido.

—Eso quisieras tú.

—Mira que es tarde y…

Con una sonrisa de complicidad, decidí acompañarla en su sueño. Subí la escalera, me recosté en la cama y, cuando quise darme cuenta… El sol irrumpió en la habitación de sobresalto.

Desperté al nuevo día con voces como de gallinero en la calle. En el callejón de arriba, unos jubilados vaticinaban el tiempo que iba a hacer, mientras los demás discutían de política barata, de pensiones y sus contratiempos. Por la solana, las mujeres se afanaban en tomar posiciones para tender la ropa de la colada, que a estas horas los tendedores estaban más que solicitados: «Que si tiendes tú por allí, que si yo por aquí, que… con tanto sol, enseguida estará seca. Y además es fina: que si cuatro sábanas y un calcetín. Bueno, tres bragas, un sostén y…». Total, que cuando acababan la charlatana, ya estaba la ropa lista para recoger.

Era ya entrada la mañana. El sol había crecido demasiado e inundaba la habitación con sus calurosos rayos. Unos gorriones se columpiaban al lado de la ventana sobre las hojas de la parra, festejando su noviazgo sin pudor e insinuando que ya era hora de salir a la calle a disfrutar del esplendoroso día.

Estaba a punto de levantarme cuando unos tímidos toques en la puerta me recordaron que, por un momento, me había olvidado de mi compañero. Instintivamente, salté de la cama para ver qué necesitaba y darle los buenos días.

—Buenos días. ¿Qué tal has dormido?

—Bien, muy bien, demasiado bien.

—¿Has pasado frío?

—¡Qué va…! Si tenía dos mantas.

—Oye, ¿y qué hora es?

—Las once.

—¿Las once?

—No tienes más que mirar al sol.

—Pues si hubieras visto cómo estaba la luna esta noche.

—La vi, la miré y la remiré.

—¡Jo, qué disfrute!

—Pues yo he dormido como un lirón. Anoche aún me quedé un rato a tomar el fresco para hacer la digestión de los chorizos.

—¡Calla, anda, calla! Que con estas comidas, pronto me engordo ocho o diez kilos. Anoche se pasaron con los chorizos. Pero tú no te preocupes por eso del peso: que yo ya me encargaré de que los rebajes.

—Claro, como tú no tienes problemas de peso.

—¡Qué puñetas! Porque me cuido un montón.

—Sí, sí…

—A todo esto… ¿Dónde está el servicio?

—¿Qué servicio? Aquí no hay servicio: nos servimos nosotros mismos. ¿Tú crees que estamos en un hotel?

—El aseo. ¿Que dónde está el water?

—Ah… aquí, para hacer las necesidades fisiológicas, hay que irse al campo y quitarse las legañas en la fuente del pueblo.

—¡Por la mañana y ya empezamos así…!

—Es que te has levantado con unas exigencias…

—Pues no queda día aún por delante para aguantar.

—No, hombre, no. Que también estamos un poco civilizados. Esa puerta de color verde que hay al fondo del pasillo es el aseo. Pero ojo con el agua: que a estas horas está como para probarla y salir corriendo de lo fría que está.

Mientras nos aseábamos, le recordaba a mi amigo cómo lo hacían antiguamente los del pueblo cuando todavía no llegaba el agua corriente a las casas. En aquellos tiempos, no existían cuartos de baño: «¡Vamos, ni cuartos ni enteros!». Para lavarse un poco la cara, tenían como mucho una palangana en la alcoba que, la mayoría de las veces, una vez usada, salía volando por la ventana. Y en más de una ocasión, iba a parar a la cabeza del vecino que pasaba por debajo de la ventana en cuestión.

Eran métodos de antaño. Las aguas menores (o sea, mear) se hacían en la cuadra en el caso de las mujeres, por aquello del pudor; aunque tampoco era de extrañar que alguna vez, en caso de emergencia, se despatarrara la susodicha persona y lo hiciera de pie, con los riesgos que llevaba dicha postura (claro, siempre que no llevara bragas o las llevara adaptadas a tal uso).

Los hombres, como son más tradicionales, donde Dios quiere y da a entender. Y en el caso de los niños, hasta llevaban los pantalones adaptados con su correspondiente agujero para poder sacar la pirula aunque fuera andando.

A todo esto habría que añadir la colección de orinales que se escondían debajo de las camas y que se usaban con más que frecuencia. Y todos terminaban de la misma manera: volando por las ventanas. Las aguas mayores —las defecaciones, claro está—, pues donde se podía. Y no era nada fácil.

—¡Madre mía, si te contara!

—Cuenta, cuenta…

—Pues anda que no lo pasaban mal las mujeres. Hasta los lindazos tenían que irse si querían hacerlo con garantías: hasta diez minutos necesitaban para despellejarse de tanto sayo. Y si hablaran los callejones de detrás de la iglesia…

—Vale, vale, que ya empieza a oler mal.

—Oler no, mejor goler —que es más acertada la expresión—.

—Pues vaya…

—Y todo esto te lo cuento a lo fino.

—¿Y cómo se duchaban?

—El baño y la ducha —o ambos a la vez— no existían o cuando Dios daba a entender. Como mucho, cuando acababan las tareas del campo del verano y porque venían las fiestas patronales, y al menos había que oler a limpio o, por lo menos, no oler mal. Los sitios más habituales eran la Chorrera, la Colmenilla o una gamella o caldereta en la propia casa. Y todo esto hablando a lo fino, porque cuando llegue el momento adecuado te contaré más de una anécdota alrededor de la Colmenilla.

Seguro que aún se conservan más de un utensilio de aseo en las casas del pueblo, aunque sea como mero recuerdo o bien para adornar algún rincón de las casas rehabilitadas. Los palmotazos de agua a la cara y el arte del peine habían cambiado a mi amigo; ya parecía otro. Unas pequeñas ojeras eran el único recuerdo que le quedaba de la jornada del día anterior.

—¿Ya estás?

—Por mí, sí.

—¿Como nuevo?

—Casi, casi.

—Vamos para el comedor y nos preparamos algo de almorzar.

—Pero que no sean chorizos otra vez como los de anoche.

Un vaso de leche de cabra con un poco de café de malta fue suficiente para pasar los bizcochos por el gaznate y cumplir con el ritual obligatorio a estas horas de la mañana.

Pensábamos hacer, pero…

Como el día había nacido recortado en el amanecer con tanta cama, dimos la mañana por perdida y acordamos dar un pequeño paseo hasta el Cañuelo en busca de mis padres. Así haríamos acto de presencia –no fueran a pensar que estábamos muertos en la cama–.

Y, por qué no, cumplir con la tradición de estos pueblos de ir saludando a la gente y, de paso, soportar los apretones de manos y alguna que otra pregunta impertinente o fuera de lugar.

—¿Y tengo que saludar a todo el mundo?

—Por supuesto, a todo el que se ponga al paso.

—¿Pero si yo no conozco a nadie excepto a tus padres y a tus tíos de anoche en la cena?

—Pues mucho ojito. Compórtate educadamente: la primera impresión que saquen de ti es la que va a mandar mientras estés aquí en el pueblo. Así que déjate llevar por la corriente. Ten en cuenta que te van a hacer las preguntas más insospechadas que te puedas imaginar.

¡Ah! Y aún queda por ahí alguna persona mayor que, una vez que te haya cogido la mano, tendrás que ir pensando cómo soltarla. Mi consejo es que, si te ves en esa situación, tú gesticula y aprieta más que la persona referida, o de lo contrario, acepta la situación y hasta exterioriza tu complacencia dando unas palmadas en el hombro.

—¿No te parece que me lo pones un poco difícil?

—¡Qué va…! Ten en cuenta que por aquí la gente es muy abierta y se da en confianza enseguida. Ya verás como, cuando los conozcas un poco más, pasarás ratos agradables contándote anécdotas de mil y una aventura.

—Ya veremos…

—Ya, ya.

—¡Vámonos al Cañuelo y déjate de historias!

—Espera un poco que coja el botijo y, de paso, nos traemos agua fresca para comer.

—¿Es muy lejos?

—Ahí mismo, a unos pasos de la orilla del pueblo, en cuanto pasemos las eras y el pairón.

Salimos por la puerta falsa —cosa casi habitual, porque la principal está cerrada—, por aquello de «cuando me voy, a nadie le importa nada, ni explicación que dar». Y es que por la puerta de arriba siempre hay gente esperando y dispuesta a preguntar y enterarse de todo. Salimos por la calle de abajo, la Callejuela, y mi amigo quedó medio alelao.

Sorprendido quedó mi amigo
Cuando apenas salir
Lo vi como deslumbrado.
Pensé, el sol le ha cegado
O tal vez hacia qué lado ir
O que camino elegir.
De pronto levanta su frente
Y con voz amenazante
Señala con voz potente…

(Ahí va Don Quijote con su imaginación)
¡¡¡Quieto, que vas a hacer!!!

El astro sol enfurecido
Manda sus rayos del cielo
Para venir a estrellarse
En medio del empedrado.
Relucientes y joviales
Por entre medio de las losas
Parecen desparramarse
Bordando toda la calle.
Suben por el callejón

Entre macetas y flores

Y repechan hasta el jardín

Mezcladas entre colores.

—¿Qué te pasa?

—Estaba mirando la calle cuando…

—¡Casi me has asustado! Pensaba que te había dado un patatús.

—No, no. Es que, observando con detalle tanta filigrana y la retahíla de estrellas por la calle, se palpa algo más que manos de albañil. Aquí han puesto mucha delicadeza y gusto. Además, todo el conjunto de piedra —tanto de paredes como escaleras— da un tono muy armónico.

—¿Te gusta?

—Sí, sí. No te voy a decir lo contrario.

Ten en cuenta que, posiblemente, este rincón del pueblo haya sido de los más agraciados y agradecidos, tanto por el momento en que se realizó —ya que no había ninguna obra anterior que respetar— como por la fisonomía natural del terreno, que en cierta manera contribuyó a ello. De una barbacana usada como cenicero a un mirador excepcional.

Apunte aparte merecen los vecinos de las casas colindantes, que colaboran en mantenerlo lo más curioso y limpio posible, a pesar de que la mayoría residen en diferentes lugares de la geografía española, a muchos kilómetros de distancia del pueblo, y que cada año vuelven en distintas épocas con la ilusión de mantener en condiciones de habitabilidad sus viviendas y su entorno de arbolado y plantas de jardín.

Como ejemplo, este pequeño jardín que tenemos a la izquierda y que se encargan de cuidarlo el tío Juliete y un servidor siempre que podemos, claro está. Clara sí que tenemos la obligación, pero… lo de siempre: a veces alguna que otra planta se nos pone mustia por falta de dedicación. Recuerdo cuando nos hicieron la pared de contención: la cantidad de piedras que tuvimos que quitar para poder acondicionarlo adecuadamente.

—Hay, si tú hubieras conocido esta calle como yo una docena de años antes… entonces sí que estaba para estrellarse. Esa pendiente que tanto te llama la atención, con sus estrellas, en aquellos tiempos era un ribazón lleno de venenuchos y, cuando llovía, una pista de patinaje. Seguro que la tía Ramona y sus vecinos no subían tan aprisa como ahora, a pesar de sus noventa y pico de años.

—Nos dejamos ya de explicaciones…

—Bueno, que… ¿seguimos?

—¿Y por qué hicieron todo esto?

—Eso es muy largo de contar. Una tarde que nos sentemos a la fresca y sin prisa, te lo contaré con toda clase de detalles, porque anécdotas las hay a montones. Incluso podemos contar con alguna persona que estuvo metida en el ajo. ¿Me parece que tú quieres enterarte de muchas cosas a la vez?

—Yo solo me limito a preguntar, que para eso he venido y quiero estar informado lo mejor posible.

—¿A aprovechar el qué…?

—El tiempo.

—¿Pero si acabamos de levantarnos? ¡A estas horas ya da vergüenza salir tan tarde a la calle!

—¡Venga, vámonos para el Cañuelo!

Aceleramos el paso, olvidando alguna que otra persona que merodeaba por la Callejuela —por aquello de las preguntas y respuestas— y, una vez pasados los árboles del tío Patricio (es un decir, porque en la actualidad ya no existen y en su puesto se han plantado unas carrascas y acacias en su recuerdo), aminoramos la marcha para pararnos a echar a vista de catalejo el entorno que nos rodeaba.

—Aquella es la ermita, al lado el campo de fútbol y los columpios, el frontón, la petanca, etc., etc. Y al fondo, el pinar. (Y se lo ha creído).

—¡Joder! Tenéis de todo.

—De todo lo que hay. Y lo que nos falta.

—Pues desde aquí se ve a lo grande. Para un pueblo tan pequeño, ya es bastante… demasiado.

—Vale, nos conformamos de momento.

Avanzamos unos metros. En realidad, no nos habíamos movido: lo que ganábamos para adelante, lo retrocedíamos para atrás.

—¿Ves esas casas que están hundidas? Pues dentro de «ya» tienes unos señores palacios que para ti quisieras. Y porque no dejan hacer rascacielos, que si no, esto parecería una capital. Hasta van a poner el metro… el metro cuadrado por las nubes, para que nadie lo pueda comprar. Ni se te ocurra probarlo, porque vas a tener que empeñar a toda la familia si llega el caso. Tú, como eres soltero, te saldría casi gratis.

(Este hoy o se espabila o acaba tragándose todo) Ahora sí que habíamos andado algunos pasos, pero no más de veinticinco o treinta.

—Aquello de allá arriba es el Castillo.

—¿Que castillo…? Yo no lo veo.

—Ni falta que te hace.

—Serán fantasmas. ¡Anda ya!

—¿Que no lo ves?

—Como no sea el caseto ese que se ve encima…

—¿Que caseto ni qué narices? Eso es el depósito del agua.

—¿No habías dicho que era un castillo?

—En serio, podía serlo por el lugar estratégico que tiene y porque antes de estar el depósito del agua era el lugar de vigilancia de todos los caminos que acceden al pueblo.

Puede que parezca una imaginación quijotesca propia de los lugareños a la hora de exagerar las cosas, pero no cabe duda que el entorno del castillo y parte del actual pueblo fue históricamente un asentamiento o castro celtíbero por su situación en un otero dominando toda la vega de los Quiñones y el Pradohondero. En realidad nunca ha habido ningún castillo, pues a la hora de realizar las obras del depósito no apareció ni por asomo restos que lo demostraran. ¡Ojalá lo hubiera!

—¿Ves ahora el castillo?

—Claro que sí y bien grande.

—Pues no te preocupes que cuando salgamos al campo te enseñaré otros "castillejos, castellotes, villares, villarejos, etc. Todos ellos sospechosos de asentamientos humanos en el término del pueblo durante siglos.

—Ya voy entendiendo.

Avanzamos unos pasos más hasta el Collado. Llamado así por ser la confluencia de la salida de los caminos a Piqueras, Molina, Tordellego y Setiles.

Justo aquí arranca el espacio destinado a las "eras", lugares que se destinaban a trillar las mieses de la recolección de los cereales.

Aquí podríamos sentarnos y dedicar horas a contar anécdotas y vivencias de las tareas que se desarrollaban en las eras, pero lo dejaremos para más adelante y seguiremos hacia el Cañuelo, que a este paso no llegamos.

—Mira, la fuente del Cañuelo está allí.

—Ya, ya. Pero para un poco.

—¿Que...?

—¿Que es esto?

—El Pairón.

—Si te cuento todo lo que vamos encontrando por el camino al final no te acordarás de nada y no llegamos a ningún lado. Pero veamos en que te puedo ayudar. Genéricamente podría decirte que un pairón es una construcción de forma monolítica con una altura que suele oscilar entre los tres y cuatro metros como mucho y que se encuentran ubicados en las afueras de los pueblos y en las salidas de los caminos principales a los pueblos colindantes. En toda la comarca son símbolos más que habituales y en su mayoría se han conservado llevando restauraciones sencillas apoyadas por todos los vecinos.

Si recuerdas ayer cuando pasábamos pegando a Torde-llego (por aquellos entonces debías ir agotando tus últimas energías) y te comentaba aquello del santo azul. Pues ese es uno de los muchos pairones que iremos viendo por esta zona, y por cierto que hasta lo han llegado a pintar de negro y eso no quiere decir que no sea tan respetable como los demás.

A lo que íbamos. O mejor a lo que estamos... Su función principal, aparte de lo antes comentado, es su clara y patente relación con la religión y con las iglesias. Y es que debemos situarnos necesariamente en la comarca y alrededor de los siglos XVI y XVII que es cuando se man-daron construir la mayoría de las iglesias de esta zona como epicentro de lo que después serían los actuales pueblos tras las nuevas repoblaciones con gentes del país vasco y navarra. Por estas fechas la iglesia era el sustento de las monarquías y como tal se inculcaba a sus gentes por medio de la religión que ejercía un poder casi absoluto sobre sus fieles.

Por eso cabe destacar que en una gran mayoría de ellos se han utilizado las piedras sobrantes de las construcciones de las iglesias o ermitas.

En casi su totalidad los pairones, que no mojones ni picotas, suelen tener signos religiosos: unas veces será una simple cruz de piedra o hierro como culminación de la obra, o tal vez una hornacina con imágenes de santos o vírgenes venerados en el lugar o incluso a leyendas alusivas al tema. Como norma general suelen ser de forma cuadrada y casi per-fectos los más cercanos a los pueblos y en las vías principales, e irregulares y sencillos los que señalan caminos secundarios con escaso valor artístico que no cultural y sentimental.

Es más que evidente que tienen un claro sentido de complicidad con la iglesia ya que en ella se realizaban los actos oficiales y obligatorios para la común del pueblo, llámese misas, rosarios, novenas, etc., etc., pero no es menos cierto que por aquellos tiempos mucha gente vivía de la fe y la esperanza en Dios, que no decir de caridad que era lo habitual, y por lo tanto cualquier salida del pueblo merecía una súplica al Todopoderoso para que su jornada de trabajo o su viaje tuviese su recompensa o su tutela fuera del lugar.

No necesitamos remontarnos ni un siglo ni dos, apenas unas docenas de años, para imaginarnos a cualquier vecino del pueblo cargado con su mulo de leña para ir a venderla a donde nos parezca, por ejemplo a Prados Redondos, o a cambiarla por unos kilos de patatas o un par de mantas. Es igual: darse semejante caminata de ida y vuelta para algo tan vital como necesario, y que en el camino le ocurriese alguna desgracia. Mejor encomendarse al santo de su devoción para que le acompañe y le guíe en el camino.

Es por ello que la tradición popular está tan ligada a los pairones y caminos rurales, y que con frecuencia se recurra a ellos.

Recientemente se ha fomentado una cultura popular de recuperación de los signos identificables de los pueblos, y ello ha llevado consigo que se hayan recuperado y restaurado muchos que permanecían en penurias y condiciones al paso del tiempo. Actualmente podemos observarlos por doquier y con mucho orgullo de sus vecinos. Bien es cierto que el bajo coste de las obras ha influido en ello y que el poder de decisión no merece más trámite que la intención de ponerse a hacerlo.

—Y vamos con el nuestro, que si no al final nos olvidaremos.

—Pues a seguir contando…

En el caso del pairón de Adobes, es su ubicación perfecta: a escasos metros de su salida natural y habitual del pueblo por el Collado, y en la partida de los distintos caminos a los pueblos vecinos. Su construcción la podemos datar en el año MDXLVII, según se puede adivinar en su piedra en forma de triángulo truncado y que sirve de tejado al mismo. Su estilo es neoclásico y nos recuerda su parentesco con la iglesia del pueblo.

La obra consta de un basamento formado por cuatro losas iguales. Estas sirven de apoyo al primer tramo del pilar, terminado en una diminuta cornisa de adorno. En su cuarta fila, otra cornisa más pronunciada sirve de base al segundo tramo, formado por dos filas en las que se hallan dos hornacinas en sus lados este y norte con sus verjas correspondientes. El tercer piso está formado por una gran cornisa que, a la vez que cierra todo el conjunto de la obra, sirve de base al monolito final.

—¡Jo! Vaya lío que me he montado.

—¿Entendido lo has?

—Entendido lo he.

—Pues te lo pinto y se acabó.

—Pues vale.

La restauración es digna de elogio respetando su antigua fábrica, pero los dos postizos de paredes que hay a su alrededor mejor no mirarlas. Seguro que los paletas ese día llevaban unas copas de más, y las paletas y hormigonera andaban borrachas. Y es verdad: doy fe de ello.

—Pues sigamos adelante como los de Alustante.

—¿Cómo…?

—Son los del pueblo de arriba, que con pocos hay bastantes.

—Será posible…

—Date por enterado y palante.

Este camino que estamos pisando ahora es el antiguo camino de Molina. Se reformó hace unos años cuando se realizó la concentración parcelaria para facilitar el tránsito de vehículos agrícolas modernos, caso habitual para la mayoría de antiguos caminos de caballerías. No obstante, este en concreto se ha salvado de tal situación casi en su totalidad, dada la circunstancia de que la carretera actual tiene su trazado a escasos metros.

Y me viene al recuerdo…

Ahora me río, pero…

Aquí, justo donde estamos, de zagal o de chaval, una muleta llamada Lambreta —tan mala como colorá—, en el repechón de gravilla hizo que mis huesos dieran en tierra en forma de tozolón.

Y no solo me ha pasado a mí: cuando el camino de caballerías se convirtió en camino de carros por aquello de la mecanización agrícola, a más de un carro he visto ir a parar a los muladares cargados con haces de trigo, dando la **voltiqueta**. Y es que la ley física de la gravedad, por aquellos años, no se estudiaba en la escuela, y cuando se cargaban los carros más de la cuenta… ¡cataclac!, a tomar viento, al suelo.

—¡Venga! Coge el botijo y sigamos.

—Ea, con tanto predicamento ya ni me acordaba.

—Pues mira, ahí al fondo tenemos el Cañuelo y hasta hay cola para coger el agua. Seguro que los que andan por los pilones son chavales cogiendo renacuajos.

—Yo pensaba que estaba más lejos. Es un paseo corto y además muy ameno.

—Bueno, bueno… eso de la distancia y el tiempo es muy relativo. Yo tengo una teoría, que no es mía, y que algún día te explicaré. Todo es muy relativo. De momento y como muestra, te diré que la mayoría de veces, cuando te mandaban a buscar el botijo de agua para comer, era con la consigna: «¡Volando y sin perder el tiempo, que la mesa está puesta!».

—¿Pero cómo volando?

—¡Volando y ya!

—Jo, así da gusto, y bien fresquita.

—Ves, ¿tú sabes cómo perder el tiempo?

—No.

—Pues piensa, medita y recapacita.

Otras veces —las más, sobre todo las mozas— hasta horas tardaban. En muchas ocasiones se entretenían tanto que, cuando volvían a casa, el agua llegaba caliente y en algunas ocasiones… ¡hasta con los cántaros hechos cascos!, que todavía era peor.

Los había, mozos para más señas, que dados por enterados de tal circunstancia (el que hubiera alguna moza por el camino del Cañuelo) aprovechasen ciertas horas para dar agua a los animales por aquello de coincidir con la fulana o mengana y de paso tirarle los tejos.

¡Madre mía! La cantidad de tejazos que se tiraban. En realidad, otra cosa no habría por el pueblo, pero tejas rotas a montones y por cualquier sitio.

Ejemplo de un tejado:

—¡Vaya que coincidencia!

El uno venía por el camino del Cantón y la otra por el Collado, y se juntaron en el Pairón. Qué casualidad. E iban calculando el tiempo y el espacio para juntarse en el cruce de los caminos.

(En este caso fue tejazo doble)

Poco más tarde y a no muchos metros, unas mujeres comentaban dicho caso.

En realidad, murmuraban en voz baja:

—¿Has visto cómo hablaban?

—Sí, ya decían que… (ese) y la (esa)…

—¿Que si irán en serio?

—¿Qué?

—Hasta que no los veamos en el altar no me lo creo. Mientras seguían haciendo pronósticos, los botijos se iban llenando y colocando en fila en los pilones.

Avanzábamos por el camino cuando unos golpes sueltos de legona me hicieron presumir que mi padre todavía se encontraba matando el tiempo en el huerto hasta la hora de comer. Unos metros más adelante nos lo ratificó una calva asomando por entre la desdentada pared cubierta de venenuchos. Ya hasta nos empezaba a entrar sed.

—¡Míralo! Ahí está, se pasa la vida aquí.

—¿Y qué tiene?

—Luego lo verás. De todo y de nada.

—Algo es algo.

—De momento vamos a echar un buen trago de agua y de paso vemos esa gente que anda por ahí.

—Y ahora te toca la obligación. Ya sabes el saludar.

—¿Ya empezamos?

—¡Huy! Pues no te falta na…

—Pues dejamos el trago de agua para luego.

—Eso no está bien visto.

—Pues que sea lo que Dios quiera.

Nos quedamos a cuatro pasos para llegar y pedimos el turno correspondiente. Cuanto más nos miraban, más pasos para atrás daba mi amigo. Y es que la manera que miraban era…

—¡Venga, que no te comen!

—¡Hola! ¿Qué tal? Buenos días.

—Buenos días. ¿Qué tal?

—Bien, gracias.

(Una que siempre pregunta de todo)

—¿Y que… a ver la familia?

—Pues sí.

—¿Y para muchos días?

—Menos de lo que deseáramos.

(La misma que seguía preguntando)

—¿Y aquí el compañero, quién es?

—Un amigo del trabajo.

—Pues encantado de conocerlo.

—Igualmente.

Y como no paraba de preguntar, no tuvo más remedio que deshacer los pasos y dar por saludados a todos.

A todo esto, mi padre que también estaba atento a lo que se cocía alrededor…

—¡Muchachos! Venir para acá.

—Ya, echamos un trago de agua fresca y vamos.

Rápidamente se levantó un botijo de los que había en fila en los pilones. Era de la charlatana anterior que con esa excusa quería ver si podía sacar algo más en la conversación.

A todo esto, otra vecina que hacía turno le increpó para que dejara de charlar y se dedicara a llenar los cántaros y a callar.

Quedaban, por lo menos, una docena de botijos y algunos cántaros por llenar, y dado el escaso chorro que en esas fechas echaba el Cañuelo, el tiempo previsto no iba a ser de menos de media hora. Ahora les entrarían las prisas, pues la hora de comer se acercaba y eso que llevaban casi dos horas dándole a la lengua.

La cerrada, como llamaba mi padre al piazo, estaba a escasos quince pasos de los pilones. Una vieja y destartalada puerta daba acceso al pequeño huerto no sin antes encontrar el engaño del candado semiautomático y su correspondiente tomiza de ñudos que componían la clave de seguridad.

—¿Y qué hacéis tanto rato por ahí?

—Pues saludando a la gente.

—¿Ya os habrán sacado bien los secretos?

—Bueno… no del todo.

—Menudas sacamuelas están hechas.

—Labia tienen un rato.

Mi padre andaba enredando con la legona intentando pasar la poca agua que había de un surco a otro para que la tierra pudiera conservar la humedad y así sacar a flote el huerto. Mi madre ponía más interés en poder coger unos cuantos tomates que acompañaran a la lechuga en la ensalada.

Que, visto a vuelo de pájaro, todo se resumía a una veintena de surcos de patatas, unos tablares de pimientos, berenjenas, zanahorias, calabacines y unos brotes de perejil por si fuera necesario añadir o condimentar algún asado.

Ni que decir tiene que las mejores nueces de la comarca eran las que daba la noguera que poseía junto al huerto en unas lastras que servían de muro de contención al huerto. Bueno, el año que echaba porque muchos años se helaba cuando florecía y se quedaba in albis.

Incluso, tras preguntarnos cómo nos parecía el huerto y obligarnos a decirle que muy bien y muy cuidado, se tomó la licencia de dar unos azadones sobre las patatas para confirmarnos que las patatas ya se podían empezar a sacar aunque las medidas eran más que irrisorias.

—Ya llegará el otoño, entonces sí que serán gordas —se reafirmaba en su afirmación—.

—Y tanto que sí.

—¿Y de la cebada no decís nada?

—Hombre, muy buena del todo no está.

—Pues porque con la sequía no ha llegado a granar del todo y con el calor se está arrebatando demasiado aprisa.

—Vaya.

—Este año anda todo un poco mal, hasta los ajos les ha entrado la enfermedad y se han echado casi todos a perder, les han picado un bicho y se les han comido la raíz.

—Qué mala suerte.

—Voy recogiendo los artes y enseguida nos vamos. Ir arrancando unas lechugas y unas acelgas que nos las llevaremos para casa. Mirar de coger las más majas y luego las laváis en el pilón para quitarles la tierra.

Nos entretuvimos en dar un par de tragos de agua mientras mi padre terminaba de ordenar las herramientas y poner los sistemas de seguridad en la puerta de entrada.

—¿Qué, cómo va eso?

—Ya estamos listos.

—Podíais haber cogido algo más, ya se lo hubiéramos dado a alguno del pueblo, que luego se espigan y ya no están tan buenas.

—Otro día.

—¡Hala, vámonos!

Por momentos me venían al recuerdo aquellos días en que, siendo chiquillos, chapoteábamos en el jaraíz con la excusa de coger algún que otro renacuajo, mientras las madres parlanchinas se contaban sus mentiras para poder conocer la verdad, olvidando sus botijos, cántaros y hasta el cocido que tenían al fuego y la hora de volver.

A veces nosotros nos enterábamos de todo o de nada, dependiendo del viento, y no por curiosidad, sino porque el aire era favorable y no lo podíamos evitar.

—¿Y qué hablan?

—Yo que sé, medio discuten.

La una por no ser menos que la otra…

—Pues yo… yo eso y más.

Y la otra a la una…

—¡Huy! Si yo te contara…

—Tú qué me vas a contar, si somos del mismo tiempo y criadas a la par.

A todo esto, como no se ponían de acuerdo y entraban en incomodidad, pagó el pato el primer crío que pasaba por allí y andaba enredando en el agua del pilón. Sentimos como un cachete… ¡Zas, zas!

De pronto vimos al zagal con una mano tapando las posaderas y la otra controlando el estirón de orejas. Saltó echando leches de la orilla de la fuente.

—¡Estate, estate, que te cascan!

El resto de chavales salieron volando como moscas.

—Será mocoso. Ya volverás.

A todo esto, los chavales aceleraron el paso para poder guardar la distancia de seguridad, girando la cabeza de vez en cuando y hasta caminando hacia atrás, más que nada para poder mofarse de ellas y hacer algún gesto de burla para fastidiar.

Nosotros, tras el sainete vivido, hicimos como si no hubiéramos visto nada, dimos media vuelta para el aire —evitando que el momento más bien invitara a la paz—.

Bordeamos por la sombra la orilla del cebadal para ir a salir por la puerta, evitando el verde y espeso ortigal.

Ya fuera del cebadal…

—Vamos a echar un trago de agua.

—Y el botijo llenar.

—Espera un poco para el botijo llenar, que si no, nos vamos ya y enseguida se nos calentará.

Cada vez que la gente viene al Cañuelo, bebe del caño y a morro, que es más natural, y de paso evitas el gusto del botijo. Ten en cuenta que cada botijo tiene su sabor particular, dependiendo del tipo de barro que está hecho y del enjuague que le han hecho de nuevo.

Normalmente le añadían distintos licores o aguardientes para anular los malos olores y sabores, por este motivo no es extraño oír decir popularmente: «¡Qué agua más buena que hace este botijo!».

De la historia de esta fuente se podrían contar miles de anécdotas que han pasado por sus aledaños. Como es lógico, además de las antes mencionadas —relativas a los aguadores y aguadoras que a diario se sucedían en las horas diurnas—, la mayoría están relacionadas con las tareas de la recolección de cereales, y más en concreto en la época de trilla, por su cercanía con las eras y la imperiosa obligación de ir a dar de beber agua a los animales o yuntas.

Eso sin contar con la rivalidad entre barrios del pueblo y, en concreto, con la Fuente Vieja o de Abajo: de los dolores de tripa de sus aguas, de los hielos de invierno, de los turnos de los atajos de ovejas, de cómo repartir el agua con los mulos, etc., etc., «y lo que te contaré morena».

Hoy en día, lo principal que nos queda de su historia es la fuente como tal —que ya es mucho— y los cuatro chopos que han sobrevivido al paso del tiempo y los vendavales.

En todo lo que es el prado del Cañuelo —lo tengo oído a la gente mayor— había algunos más, pero los cortaron: unos por viejos y otros porque daban mucha sombra a la cerrada de lado y perjudicaban las cosechas.

No hace mucho cayó uno, y yo soy testigo del acontecimiento, y el más cercano al pilón no creo que aguante las próximas nevadas. ¡Dios lo quiera!

La fuente del Cañuelo, como obra de servicio, conserva su construcción original de piedra arenisca de cara vista y de color rosado, procedente del rodeno, tan sencilla como robusta. Sus pilones o jaraíz siguen al mismo estilo, y su ajuste de las piedras está sellado con grapas de hierro para evitar las fugas de agua.

Consta de una pila principal donde va a depositarse el agua del caño, de forma cuadrada y de unos setenta centímetros por lado. Está protegida por una bóveda con arco de medio punto, cuyas piedras forman el tejado en forma de triángulo. Adosado al lado derecho se encuentran el pilón principal —que recibe el agua sobrante de la fuente— y, a continuación, el jaraíz más pequeño, que recibe el sobrante del anterior. A partir de aquí, un pequeño riachuelo se desliza por el prado en dirección a la Balsa o Colmenilla.

El manantial propiamente dicho está ubicado bajo el abrigo de unas lastras. Su cara está orientada al saliente y resguardado de los vientos que habitualmente vienen del poniente o pinar. El manantial de agua procede de dos vías: una de menos caudal que mana debajo de las mencionadas lastras, y la vía principal proveniente del rincón que se forma hasta el camino de Piqueras.

El agua de los encañes se recoge en una pila oculta tras la obra de la fuente, igualmente hecha con piedra de sillería y cerrada y sellada con una inmensa piedra que hace de tapadera, evitando que las ovejas al abrevar pudieran destruir la construcción. Su distancia hasta el caño es de unos dos metros, y antiguamente estaba hecha con una cañería de barro con una claraboya de nido de abeja para retener las posibles impurezas. Cada cierto tiempo se levantaba para limpiar los limos y arenillas depositados.

Se pensaba que el agua venía directamente de los encaños al caño, pero una avería fortuita obligó a levantar toda la parte trasera de la fuente, y se descubrió que existe otra pila posterior, que posiblemente fuera la fuente original antes de construir la actual.

Habiendo comentado dicha circunstancia con los antiguos del lugar, nos ratificaron verbalmente las sospechas, e incluso algunos de ellos nos comentaron que existía algún escrito por el pueblo donde quedaba constancia de dicha colmena —como ellos lo llamaban—, y que de allí se llevaba a unos gamellones de madera provistos para que bebieran los animales y el ganado.

—¿Y qué…?

—Pues eso.

—Ya lo veo.

Hoy en día, tras el paso del tiempo y la puesta en marcha del agua corriente en el núcleo urbano, el Cañuelo ha quedado reservado a las idas y venidas en forma de paseos con botijo, cántaro o sin él. Incluso hay muchos que, dudando de la potabilidad del nuevo servicio, siguen recurriendo al agua de siempre, por lo menos para beber. Y reservado queda un par de semanas de agosto para aquellos niños que no pueden evitar ir a coger renacuajos.

Puede que el acondicionamiento del prado —reconvertido en zona recreativa con un par de asaderos y unas mesas aburridas de falta de comensales donde pasar un rato de ocio—, una fila de árboles puestos para la fotografía —sedientos de agua y de cariño— a lo largo del camino, no puedan evitar que poco a poco se vaya olvidando el lugar.

—Vaya, no te pongas triste, ¿no te irás a poner a llorar?

—Pues casi.

Seguramente no estaba yo ahora en el tiempo que debiera. Me había perdido en tantos años atrás, y al no ver las filas de botijos y las yuntas haciendo turno para abrevar, me he temido lo peor. Aquí ya no queda nadie.

—Para mí que te has ido de la cabeza.

—Ni lo dudes.

—Pues ¡despierta!

—¡Ay! Si no hubiera sido por… bien cierto es que está como está y todos lo saben. Hay tantos que renunciaron a su pasado y a su patria, pero unos pocos, con mucho empeño, se han encargado de que la historia del Cañuelo siga sobreviviendo. Sinceramente, creo que merece por parte de la gente del pueblo de Adobes algún que otro paseo más en esas mañanas y tardes de primavera y verano, aunque solo sea para coger un botijo de agua fresca, charlar un rato o perder el tiempo hasta el anochecer.

Es muy sencillo: mientras la mayoría cogen camino de la dehesa para pasear por las orillas del pinar o por el barranco del Espinar, tú te vas hacia el Collado, te dejas caer hasta el Pairón, andas unos cuatro pasos más y ya estás echando un trago de agua fresca. Te sientas un rato, vuelves a echar otro trago, charlas de cualquier cosa, murmuras de lo que no te parezca bien, te acercas a ver croar las ranas en la Colmenilla, andas un rato por la carretera de Tordellego y sanseacabó.

Además, puestos de chiste… ¿dónde va la gente? ¿Y dónde va el tío Vicente?

—Al Cañuelo.

—Vaya, tú con el humor de siempre.

—No creas, a veces siento un poco de tristeza por la situación actual del Cañuelo. Seguro que es algo personal. Pienso que se ha querido adecuar a la modernidad de los nuevos tiempos por la proximidad al pueblo, olvidándose de sus funciones naturales, que es abastecer de agua potable a sus moradores.

—¿Cómo? Explícate, que no entiendo nada.

—Quizás no lo entiendas, eso mismo me pasa a mí muchas veces.

—Tú lo que tienes es mucha nostalgia.

—Parece que me vas conociendo.

Es que, haciendo un poco de esfuerzo histórico y remitiéndome a los años en que el pueblo dependía del agua de las dos fuentes ya citadas, es lógico que la función que desarrollan hoy en día fuese la misma. Y me refiero, no solo al hecho de ser fuente de agua, sino a un enclave vital de las relaciones sociales de la gente del pueblo. Algo así como un ágora o confesionario público.

—Vuelvo a repetir, como foráneo de este pueblo, no entiendo nada.

—Sería como ver pasar en película el transcurrir de un día cualquiera en torno a la fuente del Cañuelo.

—¿Pero me vas a contar una película?

—Tú ponte cómodo, cierra los ojos porque será en blanco y negro y con los cortes correspondientes a la época.

—¿Y lo dices en serio?

—Te advierto que se desarrolla el argumento en un pueblo donde la única agua corriente que existía se encontraba en el campo y a sus anchas. El invento de los grifos y espitas llegó por aquí con dos siglos de retraso, por no decir anteayer. Para ser más exactos, por el siglo XX y por los años cincuenta.

—¿Pero y cuando había que hacer…?

—Las aguas menores en cualquier sitio, por no decir aquí mismo, y las mayores donde se puede. Desde aquí mismo y en las fechas antes referidas, seguramente estaríamos viendo tirar algún pantalón o alguna saya al viento.

—¿Me lo creo o no?

—Pero si eso ya te lo he contado en más de una vez. Los sayotes y enaguas es seguro que serían de alguna vieja; las mozas ya se guardaban de salir al aire libre, salvo descuido, y se refugiaban en las casillas o zahúrdas próximas a los hogares.

—Oye, cierro los ojos que esto se pone emocionante.

—No vayas a pensar que el tema de la película va a seguir por estos derroteros, ni mucho menos. Más bien será un tema costumbrista con ciertos toques buñuelistas.

—Vamos, que ya estoy preparado.

—Pues adelante.

—¿Y si no me gusta?

—Pues te duermes y sanseacabó.

Que empiece. Tararí, tararí, tararí... Sin previo aviso, con el himno nacional correspondiente, la bandera con el aguilucho, comienza el NO-DO.

—¡Alto!!! Un momento. No me digas que me tengo que tragar eso del principio.

—Tú ya sabes, o deberías saber, que antes de empezar cualquier película se emitía el famoso NO-DO, y es que nos hemos trasladado a otra época del siglo XX. Con un poco de suerte también nos puede salir una canción de los Beatles o, con más seguridad, un medio pasodoble con letra de vulgaridad y soniquete de engaño.

—Entonces lo saltamos.

—Censurado ha quedado.

Que conste que eso es trampa. Lo único que se puede cortar en la película son las escenas obscenas, eróticas, de ética moralista o de política sensible. En más de una ocasión, al no poder echarlo al principio, se interrumpía la película y se avanzaba el noticiario oficial del régimen.

De nuevo sonó el tararí, tararí…

—Joder, otra vez.

—Es de interés general para todos los españoles que su Excelentísimo… rrrrrrrruuuuuuuummmmm.

—¿Qué ha pasado?

—Que se ha roto la cinta.

—Mejor que mejor.

—Vamos a hacer una cosa: yo te voy relatando los distintos pasajes de la historia, y tú le pones la música y las imágenes que más te gusten, pero ten mucho cuidado que no se te vaya a liar la cinta y vuelva a salir el NO-DO.

Y quiero recordar que una de las primeras películas que vi por el colegio donde me tenían retenido, cada vez que el protagonista miraba a ella o viceversa, se estropeaba la imagen. La explicación es que tenían mal de ojo. Con el paso del tiempo, nos enteramos que el protagonista era muy listo y que, además, tenía muy buen ojo. A esto le llamaban censura casera porque la oficial venía ya de fábrica cortada, y muchas ni se llegaban a emitir. El truco era sencillo: el señor proyectista colocaba la manopla encima del objetivo, y lista la censura.

Por aquellos entonces, para poder ver alguna que otra película, había que salir fuera del pueblo, y gracias. Si yo contara del arrebato que se formó cuando trajeron a Alustante la cinta de la película de la entonces divina y exuberante mujer que en el cine se decía llamar Sara Montiel. En peregrinación salieron del pueblo con motivos diversos sin justificar o como si de una fiesta se tratara. Cuentan los que lo vivieron que fue un acontecimiento grandioso y digno de ver.

Dicen…

—Calla, que empieza la peli.

Sobre el horizonte del alba empezaban a despuntar las siluetas de los tejados del pueblo con sus madrugadoras chimeneas en espera de que los primeros rayos solares dorasen sus humos al viento como hebras de algodón. Pronto aparecerá el sol allá por Cerromolinos y, tras despertar al pueblo a través de las ventanas, se asomará hasta el Cantón para arretear a los primeros aguadores, pintándoles una larga silueta sobre el polvoriento camino con un cántaro en el ancón, otro sobre el rodete de la cabeza y un botijo juguetón en la mano, con peligro de romperse ante la impaciente sombra que no tenía claro de que su dueño llegara al Cañuelo.

Por el cruce del Pairón ya baja la competencia con paso de arrebato para quitar la primera posición. Acelerar no es la mejor opción, aunque vayan de vacío. Dos que emparejados caminaban…

—O aliviamos, o nos quitarán la vez.

—¡Déjate de correr, que a veces no se llega antes!

No vaya a ser que hagamos cascos.

Otras que aparecen por la carretera.

—Mira que aquellas no se quedan cojas.

—¿Y si les quitamos la vez?

—Pues acelera.

A todo esto, la del rodete por poco no aterriza.

—No lo creas, esa está acostumbrada y no se le cae aunque haya un terremoto.

—Bueno, bueno, al tiempo.

—Pues tiempo. Pido tiempo muerto.

—¿Qué pasa ahora?

—Que me expliques eso del rodete.

El rodete es… ¡buaaa!, no sé cómo explicarlo. Una especie de corona de trapo que se ponían en la cabeza las mujeres para poder llevar los cántaros llenos de agua y, en otras ocasiones, los barreños y gamellas cuando iban a lavar la colada a la Colmenilla o a la Fuente de Abajo. Se hacían con tiras de telas o trapos usados, dando vueltas alrededor de un círculo, bien de soga o de madera flexible, calculando el tamaño de la cabeza. Para acabarlo, se ponían unas cintas de paño para que se asentara mejor y no hiciera ningún daño, y a su vez pudiera amortiguar el peso y guardar con más facilidad el equilibrio al andar.

El cántaro, cuando se llevaba sobre el rodete, se colocaba con una pequeña inclinación para que su panza reposara en el hueco que se había hecho en el centro del rodete. En el caso de los barreños, las calderetas y gamellas con el peso de la colada, su colocación se hacía como si fuera una olmadilla, puesto que el peso que había que soportar era mayor y, a su vez, servía de protección al cuero cabelludo.

—¿Enterado te has?

—Mejor me lo pintas.

> Mira como baja la moza
> Con el equilibrio a cuestas
> Marcial en su caminar
> E inflexible en su mirada.

> Sobre su larga trenza
> Pende un rodete de magia

Gracia, salero y olé

¡Héla ahí, moza guapa!

—¿Ya te enteraste?

—No del todo.

A veces ni el rodete ayudaba suficiente a la moza.

Llorando vuelve la moza

Con las alpargatas mojadas

Con un tropezón que explicar

Cuando regrese a su casa.

¡Madre! Que se me ha roto

Mira que aquí traigo el asa

Y gracias que pude salvar

El cántaro sobre el anca.

La madre, resignada, esconde su enfado, regaña a la moza y clama:

Que eso lo sabía yo,

No se os puede mandar nada.

Casi sin explicación, a primera hora se llena la cola de cántaros, botijos, borricos, mulos y de aguaderas.

Que es hora de salir al campo y de ir a trabajar la tierra.

El sol avanzaba, iluminando todo el Cañuelo. Mientras unas mujeres llenan los utensilios de agua, otras aprovechan la espera para fregar los cacharros y engañar el tiempo de espera.

El sol ya sube calentando por el campanar de la iglesia; algunos pajarillos ya se tiran a beber a los pilones, mientras los nerviosos botijos discuten su turno, cansados de tanto esperar.

—Que me toca a mí.

—Que te toca a ti.

—Que le toca a la de allá.

Todas atentas al ruido del agua cada vez que se llena un botijo, con alivio cuando el pitorro empieza a mear.

—¡Vamos! Que no se pierda el agua.

—Que ya va.

—Que no hay tiempo que perder.

—Venga, venga.

Sobre el borde del pilón se iban enfilando como soldaditos de plomo los blancos botijos, muchos de ellos engalanados con sus encajes de ganchillo como si fueran de fiesta, con sus redecillas de filigrana para con ello evitar que entren los mosquitos. Hay uno que resalta en exceso, de color caoba, barnizado con aires de capital, que se vino de Teruel porque allí no lo querían por no respetar los colores típicos turolenses, y que el resto no lo juntan porque presume de guapo y listo, y que además dice que él al campo no va, que ha nacido para rico y que solo quiere servir de adorno para casas de bien. Le llaman el presumido por su fina porcelana, y cuando sus dueños lo sacan a pasear por el camino al Cañuelo, hay que ver cómo lo miran los demás.

—Que malos son los botijos. Ya verás las críticas cuando desaparezca por el Pairón.

Mientras el susodicho botijo iba desapareciendo por el camino con su señora doña, ya iban impacientándose el resto que permanecían en el pilón.

—A tomar viento, ya se largó.

Todos a la vez:

—¡Adiós, presumido!

Y uno que lleva la voz cantante…

Mucha porcelana y laca
Pero nada de nada de nada
Que para hacer buena el agua
Como el buen barro, nada.

Y todos siguen al unísono el estribillo…

—Nada, nada, nada,… nada de nada de nada.

La cosa acabó con el consiguiente cachondeo y con la reivindicación del populacho.

Y llegó la calma. Bueno, es un decir, en el Cañuelo siempre hay ambiente.

—¡Vamos, levanta!

—¿Qué pasa ahora?

—Que vienen las ovejas.

—Con lo bien que estaba yo ahora.

—Arriba, vamos.

—Yo no veo nada.

—¿Que no te acuerdas de ayer la polvorina que levantaban?

—¡Anda!, pues sí es verdad.

—Vamos a retirarnos que nos atropellan.

—¿Y cómo vienen tan pronto, si aún no es medio día?

Porque en este tiempo de primavera, y al hacer calor, es la hora de asestarse hasta que llegue la tarde, y eso que casi van recién esquiladas y amortiguan un poco el calor.

—Verdad que tú estabas a gusto entre la sombra y el agua, pues eso mismo buscan ellas. Un buen trago de agua fresca y después una buena cama.

Luego de rumiar el tiempo y la comida, y cuando el sol y la tarde caigan, el sufrido pastor con su gayata llamará a su oveja mansa, engañándola con un chusco de pan, para que arrastre a las demás y salgan un rato a tomar el sol, aunque sean amorrangadas.

Ya asoman por el camino.

Vienen en fila india, apretujadas y con cara de mala gana, con su testuz agazapada bajo sus nalgas, perdidas entre tantas patas y ciegas en su mirada. Siguen sin rechistar a la mansa, al pastor y a las que mandan.

La mansa acelera el paso, sabiendo cuál es su obligación, y arrastrando con su balar al resto. La fila cada vez se hace más larga, y en un arrebato del perro guardián se arremolinan y se agolpan con el resto del rebaño.

—¿Has visto…?

—Parece que son un poco cabezonas.

Al final, todo el rebaño se apretujó en torno a la sombra de la gran chopera.

Y lo malo de todo esto es que tendrá que recurrir el pastor a echarles el perro si quiere sacarlas de la sombra de los árboles.

A estas horas no hay quien las arranque, pues no quieren ver el sol ni en pintura. Con lo agustito que se está aquí, mejor no moverse.

El perro les dio un par de achuchones, provocaron un remolino y una gran polvareda, pero siempre estaban en el mismo sitio. El pastor se dio cuenta de la jugada y, sin más preámbulos, cogió camino para casa.

—¿Qué hacemos?

—Con el olorcillo que nos han dejado y siendo casi hora de comer, mejor que nos larguemos.

—Vámonos.

—Vamos.

—¿Nos vamos por el camino o por la carretera?

—Como quieras.

—Con lo bien se estaba junto a la fuente.

—Y tanto.

—A todo esto, ¿cómo quedaba la historieta que me estabas contando?

—Andamos y te cuento.

—Pero acelera un poco, que te enrollas más que una persiana, y a este trote voy a liar tanto las anécdotas que cuentas que no voy a ser capaz de desliar el ovillo ni mucho menos.

—Así que abreviando que es gerundio.

—Mira, sabes qué te digo, que lo mejor será que aligeres tú el paso y de este modo tendré menos tiempo de liarte.

—Yo chino chano, que de paseo vamos.

—¿Qué decías?

—Que abrevando que es gerundio.

—Será abreviando.

—Pues claro. Si yo te contara de abrevar…

—He dicho abreviando.

—Pues eso. Abrevar es dar de beber agua a los animales, por lo menos en mi pueblo.

—Te he entendido perfectamente, a ver si ahora nos vamos a discutir por una "I" sin importancia.

—Tira, tira. Sigue y cuenta lo que quieras.

A estas horas lo habitual es que se produzca caravana y retahíla de caballerías, y no precisamente en la carretera, que hay menos tráfico que en Mijas, donde han sustituido el automóvil por el burro, y por lo contentos que están, parece que han acertado, sobre todo con el turismo.

Para que mi amigo entienda bien lo de la caravana, lo mejor será que cierre los ojos y siga viendo la película. Con la proyección de nuevo en marcha y el sopor de mi amigo sobre el césped, la imaginación se puso a trabajar hasta que un sobresalto en forma de chorrión de agua lo despertó y empezó a balbucear algunas palabras.

—¡Anda! Pues verdad, lo acabo de ver en la peli. No me lo podía imaginar.

—Pues ¿qué te creías?

—Yo creía que…

—Pues es que… y resulta que…, en las casas más pudientes —en este pueblo las menos— solían tener la pareja de caballerías para no tener que depender de nadie en las labores del campo. Incluso, en algunos casos, el hecho de tenerlas y, sobre todo, si eran de buena calaña, hacía que la familia fuera más reconocida y agrandara en la comarca su honor. Un buen caballero hace mejor señor.

En otros muchos casos —la mayoría—, los dueños que contaban con un solo animal se veían obligados a juntarse con algún que otro vecino para poder desarrollar las tareas habituales de labranza y recolección del cereal. A tal hecho de aparear se le llamaba "hacer juntas" o "yuntas".

La compraventa, trueques y cambios de animales era una norma habitual entre los pueblos cercanos, y el paso de tratantes por toda la comarca se hacía de manera periódica y no exenta, en muchos casos, de picaresca.

—¿Has dicho tratantes?

—Efectivamente.

En casi todos los pueblos solía haber alguna persona que se dedicaba a negociar con el trato de animales de manera esporádica u obligados por las circunstancias.

Realmente, el tratante era la persona que se dedicaba en serio al negocio de las caballerías, ya fueran caballos, mulos, asnos, etc., llevando consigo algún ayudante entendido en la actividad. La finalidad y único objetivo de ir comprando y vendiendo por los pueblos era económico, por eso no era de extrañar que lo que en un pueblo lo daban por malo, en el siguiente fuera bueno o mejor, aunque las voces corrían muy aprisa y, en más de una ocasión, en vez de acabar en albaroque, acababa en trifulca.

La imagen del tratante, aparte de ser de poca confianza para sus clientes por sus maneras de aspecto agitanado, tanto en su conducta personal como por su vida nómada y aventurera —o sea, persona de tez morena, pelo rizado largo, anchas y largas patillas y un gran mostacho para disimular los gestos de su boca—.

Por añadir, imaginemos dicho señor con una levita negra, tipo medio cura, medio obispo, con abundante barriga que ocultar y abultada cartera repleta de billetes de curso legal, y su vara de aspecto patriarcal en su mano para imponer su autoridad al resto de feriantes.

Aquí en la comarca, y más en concreto en esta zona, existe aún hoy en día el llamado "camino de los tratantes", que venía de la parte de Aragón y entraba entre Motos y Orihuela del Tremedal para ir atravesando los pueblos de Alustante, Adobes, Piqueras, Anquela, Prados para llegar a Molina de Aragón. En la mayoría de su trayecto, aprovecha el antiguo camino de Molina que salía de los distintos pueblos del Señorío.

Una de las ferias más importantes que se celebraban —y que hoy sigue en activo— es la de Orihuela. A mediados de septiembre se reúnen los ganaderos de la zona para exponer sus animales.

Antiguamente prevalecía el negocio de mulos para las tareas agrícolas; hoy es más festiva que otra cosa. Aún recuerdo, como si fuera ayer, el miedo que pasábamos los chavales cuando llegaban los tratantes al pueblo. Entre el aspecto que tenían y cómo nos asustaban en nuestras casas, andábamos medio escondidos para que no nos secuestraran. Amenazaban con que eran unos sacamantecas.

—Joder, casi me da miedo.

A todo esto, media docena de mulos se abocaban al pilón en busca de saciar la sed. Otros tantos andaban por el camino de ida, e incluso alguno aprovechaba el arenal para revolcarse y levantar su correspondiente polvareda.

Y ahora que recuerdo, y que viene ni que pintado a cuento —y que conste que no es cuento ni invención—, en casa teníamos una yunta de una mula negra y un mulo bayo. La mula era un animal muy serio y de mucha fuerza; el bayo era un tanto chiribailes y no paraba de hacer lo que no debía.

Y viene a cuento, sin ser cuento, que un día, al ir a darles agua al Cañuelo, un servidor iba montado tranquilamente hasta que, cuando llegamos al revolcadero, decidió pararse y tirarse al suelo. El resto, supongo que ya os lo imagináis: trompazo sobre la tierra y a tomar por culo. Cosas que pasan en el día a día en los pueblos.

Y para ser más exacto, cuando se levantó, intenté darle unos samugazos y, por respuesta, recibí un par de coces que pude esquivar de milagro.
—¡Anda! Si te descuidas, te empareja.

Eso pasa porque siempre existen unas cuantas caballerías que dan la nota y hacen lo que quieren. La mayoría de los mulos eran mansos como un trozo de pan, pero siempre hay que vigilar a aquellos que se espantan de su propia sombra.

Lo de revolcarse las caballerías hay que entenderlo como una necesidad fisiológica para desparasitarse, aliviar el picor de la piel y regenerar parte de su piel.

Especialmente en la época estival, cuando se realizaban las tareas de la recolección con las plagas de tábanos y mosquitos.

En esta época, con las tareas de campo, los animales solían rozarse con los atarres que se usaban tanto en el acarreo del cereal como en la trilla, especialmente con la albarda y los colleras. Se les formaban quemaduras a carne viva que aprovechaban las moscas y demás insectos para chupar la sangre.

Por estas cuestiones es por lo que tenían que revolcarse.

Aclarado el tema, mejor echar a andar y volver a casa.

—Para un poco, que tengo una necesidad.

—Anda ya.

—Antes de llegar a casa hay que ir con los deberes hechos.

—Pues tú dirás.

—Que voy a mear.

Ahora que hay aseos en todas las casas con todos sus complementos, es muy sencillo ir a hacer aguas, pero antaño, cuando se regresaba al pueblo, tenían que aprovechar para hacer sus necesidades mayores antes de llegar, no fuera que después te vieras en un compromiso inesperado y que los sitios habituales estuvieran saturados de emergencias. De hecho, es un acto más que ideal para abonar a la propia naturaleza.

—Meando y andando.

—¿Qué, tienes hambre?

—Pues la verdad…, hambre, hambre, no. Nos hemos levantado tan tarde que no ha habido tiempo de hacer gana.

—Espera un poco, que te voy a contar una cosa que te vas a reír.

—No sigas con el cachondeo, que me tienes la cabeza loca.

—¿De qué?

—Tú sabrás. No has parado de hablar en toda la mañana.

—¡Córcholes! Encima que te estoy enseñando la historia de mi pueblo, ¿te parece mal?

—¡Caracoles! Pero es que no me das tiempo ni para ir al recreo. Esta historia debe tener más tomos que la de Ricardo de la Cierva.

—Cada día un tomo más.

—Sí, pues mañana me voy.

—No lo creo. Además, mañana no hay coche de línea.

—¿Qué dices de línea?

—Eso es otra historia. Ya hablaremos de la tartana de Burgoa.

Seguimos…

—Lo que te iba a contar…

—Sí, pero sigue andando.

—Ando y meo. Digo, ando y cuento…

¡Preparados!, listos, ya…

A mear tocan.

—Te apuesto a que llego más lejos que tú.

—A que no.

Prestos y mano a la bragueta.

¡Ya!

Puestos justo en la alcantarilla, parten meando a ver quién es el primero que logra llegar más lejos. En la mayoría de los casos, pudiera suceder que no ganara el más rápido en salir, sino aquel listillo que controla la grifería del pitorro.

Cosas de chavales.

Porque si hablamos de chavales, chavalas, meadas y revolcaderos, era costumbre aprovechar el fino polvo del camino para hacer huevos fritos con la consiguiente meada. Por explicar el funcionamiento del sistema, era más que sencillo: hacer un montoncito de polvo y su correspondiente meada, de tal manera que cayera en el centro sin romper el resto, dando la imagen de un huevo frito. Ni que decir tiene que la gracia estaba en que se pudiera retirar con una tablilla sin romperlo. Cosas de niños.

A todo esto…

—¿Tú cómo vas?

—Yo bien, gracias a Dios. ¿Por qué?

—Por si quieres aprovechar para hacer tus necesidades.

—De momento estoy perfecto.

—Pues sigamos.

De pronto, los perros del ganado asomaron con caras de pocos amigos, invitándonos a abandonar el lugar, cansados de oír decir tantas tonterías.

—Qué mala leche tienen.

—Eso es normal, están para defender a sus ovejas y su pastor.

—Ya, ya.

—Esta clase de perros siempre duermen con un ojo abierto y el otro cerrado, por si acaso.

Los chuchos siguieron ladrando sin parar y achuchándonos sin cesar hasta que llegamos a la altura del Collado.

Pasado el arrebato —que de momento no pasó a susto—, tranquilizamos un poco el paso hasta llegar a pararnos. Unos minutos de duda nos permitieron otear desde la calle del Castillo el puntal de Valdecatalina, sin más excusa que cumplir con la rutina diaria de preguntar al horizonte qué tal día hace o de dónde viene el aire.

—¿Y de dónde viene?

—Pues de dónde va a venir, como siempre, del poniente. El día que viene de abajo, malo.

—¿Y por qué malo?

—Porque viene del norte y hay que ponerse a temblar de frío.

Yo seguía mirando como un tonto.

—¿Y ahora qué miras?

—La hora.

—Como nunca llevo reloj ni de pulsera ni de bolsillo, ni nunca lo llevaré, me remito a echar un vistazo a la común de las tradiciones locales, y por la que, con mirar a la sombra, deduces qué hora es. Y, por cierto, la sombra no engaña, y nos estaba dando a entender que era la hora propicia y precisa para degustar una conversación en el bar, acompañada de humo y vermut.

—¿Qué hacemos, a comer o al bar?

—Casi que, después del paseo, mejor refrigerar un poco la garganta.

—Pues entonces cortamos por el Tiro de Barra.

Repechamos por la calle del Castillo, esquivando algunas ramas que cuelgan de los adolescentes olmos, invadiendo las aceras y parte de la calle de la que quieren apropiarse. De hecho, hay un par de casas en ruinas donde ya han puesto su pequeño vivero y sin idea de irse de allí.

Apenas unos herrajes perviven todavía en sus puertas, a pesar de su total abandono, dando idea de la meticulosidad que ponían antaño cuando se trataba de adornar la entrada principal. A veces, la sencillez del herrero no estaba reñida con la orfebrería de la fragua.

Una llavera en forma de corazón llamaba con insistencia la atención.

Un arbollón, ciego desde hace años, es el único foco de la luz exterior por donde penetran los gatos cuando se ven acosados por los abundantes perros que deambulan por los callejones en busca de un poco de alimento extraviado que llevar a la boca o de un dueño comprensivo.

Sobre las grisáceas tablas de madera que conforman su puerta todavía persisten unos clavos de fragua con unos borrosos relieves a juego con su llavera en forma de corazón, rota quién sabe si por el paso y las inclemencias del tiempo o deteriorada por tanta acaricia del uso.

Mi amigo intenta adivinar el interior asomándose por una diminuta ventanilla.

—¿Y qué será de esta casa?

—Eso el tiempo lo dirá.

—¿No te parece triste su situación?

—¿Y qué remedio hay? Las de al lado ya han pasado a mejor vida, y las que quedan, de momento están, pero el futuro no es nada halagüeño, y el tiempo decidirá. Las puertas de las casas siempre son las últimas que desaparecen.

Si al menos aquesta puerta
La respetara el azar
Sabios consejos daría
Al volverla a restaurar.

Que me lleven a otro sitio
Donde poder perdurar
Que mi cara solo es sucia
Y es cuestión de acicalar.

Que yo me voy encantada
Y además sin rechistar.
Dad fe de lo que digo
Por si hubiera algún lugar.

El castillo sigue en obras. Sus rocosos muros empiezan a despuntar entre el aluvión de tierra que bordea su cónica ladera. La cimentación del nuevo depósito del agua hará más placentera la vida de los fugaces veraneantes. Con toda seguridad, habrá una subvención especial de algún organismo público asignada a tal efecto por el consiguiente político de turno.

Todo el mundo tendrá más agua corriente en sus casas, y hasta incluso llegará a las naves agrícolas y ganaderas. Será todo comodidad y bienestar. (Punto).

—¿Has dicho punto?

—Exactamente.

Y vendrá a inaugurarlo algún que otro diputado de la Diputación de Guadalajara o de Castilla-La Mancha, según el caso y según la subvención de donde venga.

—Parece que no te caen bien esos señores.

—Por supuesto que sí. Siempre y cuando que se hagan las cosas bien y se respete el entorno del lugar, y la construcción no sea un alegato a la "comoditis vulgaris".

—Es que por la manera de decirlo…

—Mira, en principio me gusta el agua corriente, aunque solo fuera por razones de urbanidad, pero no tan poco corriente que más parece adormecida en las tuberías y solo despierta cuando viene una riada con estrambote de tambor de lavadora y balada de microducha.

—Je, je.

—¿De qué te ríes?

—De nada, de nada. Me estaba imaginando las ovejas de Cándido puestas en fila en las canales de la nave, bebiendo cada una de la tetina de su biberón. Seguramente hasta ellas mismas bailarían de risas.

—Je, je.

—Y poco después, la comida en potitos.

Es sabido que el depósito le quitó el agua a la fuente Vieja de Abajo y la dejó en su total abandono, y que el Cañuelo se salvó por cuatro gotas, y quién sabe si eran lágrimas de dolor al ver su compañera en el estado tan lamentable en que quedó.

Hasta tal punto se enojaron que un día una maldición echaron sobre la fuente nueva que se construyó en el centro del pueblo. Aquella que se hizo con dos pilones para que abrevaran los animales que ya no existían y para efecto visual de la gente que iba y venía de las ciudades.

Desde entonces, no hay botijo que se acerque, y los pocos que quedan viviendo en el pueblo siguen yendo al Cañuelo a por el botijo diario.

En tal grado de olvido ha caído que, a pesar de estar en el lugar más céntrico y transitado del pueblo, la gente pasa indiferente e incluso puede que no sepa que existe. Sobre su tumba, un pilón lleno de tierra para que nazcan flores de adorno inodoras o jaraíz de agua que se avergüenza de su existencia, con docenas de grietas.

—Quía, algo falla.

—Simplemente que estamos en un pueblo.

Tras un gesto disimulado de no mucho convencimiento, quiso avanzarme unos metros, intentando ganar unos segundos para evitar seguir con el tema que llevaba entre labios y que no parecía interesarle ni importarle lo más mínimo. Yo seguía rumiando el ir a por un cántaro de agua a la fuente o llevar los mulos a dar de beber agua, acompañado de una conversación vecina aprendida de memoria o al azar premeditado de un paseo de alguna chiquilla deseada.

Entonces me di cuenta de que no venía a cuento lo antes contado y que callar mejor que lamentar. Así que me desquité de lo antes rumiado, y aquí paz y no ha pasado nada. (Por aquellos años, los sesenta del siglo pasado, las cosas se veían de manera muy distinta a ahora).

Seguimos avanzando…

Pasados unos pocos metros más, ya por el Tiro Barra, vi que mi amigo acariciaba unas hermosas rosas que pretendían salirse por entre el bosque de ramas de un laurel y que, al menor ademán de oler, abanicaban sus pétalos para esparcir su fragancia.

—¿Puedo coger una?

—Si todos hicieran lo mismo, ya no sería un jardín, ni sería el Tiro Barra; más bien sería un zarzal con espinas endiabladas. Por supuesto que sí. Era broma.

—¿Y esto es plaza?

—Digamos que sí.

—¿Y por qué se llama del Tiro Barra?

—Porque era el lugar donde se celebraba habitualmente la actividad de tirar un barrón de un arado o similar lo más lejos posible desde una marca determinada.

—¿Y qué es un barrón?

—Yo sé tan poco, que casi no sé nada.

—Pues aunque sea casi nada.

El barrón era uno de los elementos o piezas de que se componía el arado romano, usado desde tiempos inmemoriales en las tareas agrícolas.

Muchos años atrás, se reunían en las fiestas del pueblo los más fuertes y mañosos del lugar y de los pueblos vecinos para probar sus habilidades en el tiro del barrón.

La mencionada competición consistía en lanzar la barra de hierro de un metro aproximadamente lo más lejos posible, cogiéndola por el centro y haciendo giros laterales para tomar la máxima fuerza posible.

Recuerdo en mis años de chaval cómo los ya casados y avanzados en edad desafiaban a los mozos con la malvada intención de demostrarles su maña en el arte de manejar la barra.

—¿Alguna apuesta habría por medio?

—La honra. ¿Te parece poco?

—No creo que fuera para tanto.

—Tal vez en más de alguna ocasión, por aquello de prevalecer el espíritu arrogante, se podían jugar algún porrón de vino. Que el reconocimiento de ser o haber sido líder en ciertas actividades era muy respetado por la sociedad.

Eran costumbres ancestrales.

Muchas veces, la excusa de tal actividad invitaba a unos litros de vino con cualquier cosa, ya fueran unos cacahuetes tostados o higos secos.

Es lo que había.

Y gracias.

Quiero recordar que una vez apareció un forastero fortachón, dándose de fanfarrón, y que claudicó por no saber la técnica de lanzamiento. Y es que a veces vale más la maña que la fuerza. Y por añadidura, la vergüenza que debió pasar, pues parece ser que rondaban por el entorno algunas mozas del pueblo acechando al susodicho apolo.

Con el paso del tiempo y tras el olvido de dicha actividad, la plaza se urbanizó de nuevo, haciendo un jardín central y creando una pared de separación de la zona del trinquete. La modernidad seguía avanzando a pasos forzados.

Hubo un tiempo en que esta plaza servía de acceso al Castillo mediante un pasaje que había entre la casa del tío Titos y del tío Hipólito. Desde allí se podía ver todo el pago de abajo, y desde las minas hasta el mismo Moncayo.

La plaza del Tiro Barra es la única que tiene reloj en el pueblo. Eso sí, no tiene todas las horas ni da las campanadas.

La mayoría de la gente no lo sabe.

—¿Y dónde está?

—¿A que no sabes qué hora es?

—Casi las…

—¡Mira!, ¿ves allí?

—¿Qué veo?

—Pues el reloj.

—¿Qué reloj?

—El reloj de sol que hay en la fachada de la casa.

—A ver, pues es verdad. Qué curioso.

—Una piedra, un clavo y poco más.

—¿Y que haya sol? Si no, no sirve de nada.

—¿Y cómo sabes las horas?

—Pues por las marcas en números romanos.

—Qué difícil lo pones. No lo entiendo.

—Ni casi yo.

La sombra del saetero se deslizaba perezosamente entre las diminutas ranuras para adivinar la hora solar del momento, sin determinar la puntualidad moderna.

Esta casa donde nos hemos detenido, en su momento, era del tío Cabanillas. Ya hace cantidad de años que descansa en paz; se llamaba Julio y creo que llegó a ser alcalde del pueblo. Ahora la regenta una hija de los muchos hijos que eran, entre ocho o diez. Algo habitual en muchas familias de aquellos tiempos.

—Por aquellos tiempos no había televisión.

—Ni cond…

—Seguimos, que el reloj marca cerca de las dos.

—Por cierto, esos arboluchos parecen laureles.

—Lo son. Deben estar plantados con mucha vista, para dar gusto a algún estofado, algún potaje de legumbres o alguna sopa huérfana de sabor.

Tras analizar con un poco más de detalle el jardín, nos dimos cuenta de que tenían casi la mitad plantado de perejil. Solo les faltaban los ajos para poder acondicionar unas buenas chuletas de cordero o de cabrito.

—¡Qué cabritos!

—Calla, que me está entrando hambre.

—¿Qué hacemos, vamos al bar un rato o no?

Entre los pelotazos de los chiquillos que jugaban en el trinquete a matar el tiempo, cruzamos a más de paso, evitando "a que no le das", y de eso deben saber de memoria la casa de la Rumaldas, Nati y compañía.

—Pues la verdad es que la comida debe estar a punto.

Aprovechando que había un chaval por la plaza, lo mandamos a casa a que avisara que estábamos en el bar.

En apenas unos segundos nos llegó la contestación:

—Que no os enredéis, que ya está la comida.

Unas rústicas escaleras desdentadas de viejas nos dejaron entre la puerta de la iglesia y su olma.

(Esto puedes saltártelo porque es mentira)

Mejor no te lo saltes. Existieron en su tiempo. El olmo murió hace tiempo, y las escaleras permanecen ocultas bajo el cemento.

¡Vaya idea! Se convirtieron en una rampa para que pudieran subir a la plaza los señores autos. Por otro lado, cuando llega el frío, el hielo, la escarcha y la nieve, se convierte en una pista de patinaje, y con demasiada frecuencia se suele coger más de una liebre, y de las gordas.

(Por suerte, las mentes pensantes se dieron cuenta del estropicio, y al poco tiempo se rehicieron las escaleras, se prohibió el acceso de coches y se recuperó la plaza como siempre había sido).

Del olmo te podría contar tantas cosas que se alargaría en demasía el relato. Solo avanzarte que alrededor de él se desarrollaba la historia de este pueblo. Eso será en otro capítulo monográfico.

—¡Vamos! No te vayas a entretener en la puerta de la iglesia, que es para verla con detenimiento y no es el caso que nos ocupa.

A la derecha del árbol de la iglesia estaba la llamada sacristía, hoy convertida en discoteca para la gente joven y en la que no deja de sonar la música las veinticuatro horas. Dicen que si lo que se lleva ahora es el rock, el pop, el reguetón, el yo que sé y con mucha salsa. A fin de cuentas, todo es pumba, pumba, pumba. Ellos sabrán lo que hacen.

Nosotros sí que sabemos que ya estamos en la plaza del pueblo o el Portalillo. Los más viejos del lugar, a la parte que toca a la iglesia, la siguen llamando el Cementerio, y los más jóvenes, la Plaza del Ayuntamiento a secas.

—¿Y por qué del Cementerio?

—Eso para otro día, que se nos va el tiempo.

—¿Y el bar?

—Ahí lo tienes. Debajo del Ayuntamiento, donde estaban antes las escuelas de niñas. En realidad, no es un bar, es un local social habilitado para socializar la gente del pueblo y, de paso, tomar algún refrigerio o echar unas partidas al guiñote.

—¿Y por qué ya no hay escuela?

—La misma cantinela de siempre. Un pueblo de montaña poco habitado, abandonado por sus vecinos a la suerte de unos pocos, con cierto egoísmo y a criar malvas.

—¿No será por lo del cementerio?

—Qué va, no tiene nada que ver con eso. Mejor entremos al bar y dejemos las explicaciones para otro rato.

Conforme íbamos encarando la entrada, notábamos cómo las ventanas desprendían un cierto tufillo contaminado de tabaco, mezclado con un chismorreo de palabras atolondradas que buscaban la salida al aire libre de la calle a través de las rejas. Algunos ya salían presurosos hacia sus casas, quién sabe si por no pagar o tal vez por excederse de unos insignificantes minutos de su horario permitido.

—Seguro que, con tanta prisa, esta noche no le dejan salir de casa.

Apenas los escasos metros que separaban la puerta de la entrada del bar hasta la barra, se alineaban unas cuatro mesas con sus correspondientes sillas para el juego y algunas otras sueltas para los mirones y listillos de turno.

A un lado, la estufa de leña para la estación de invierno, y al lado contrario, la nevera para la llegada del verano. Es un decir, porque a veces funcionan las dos, pues las estaciones cada vez funcionan peor y te vuelven loco.

Como la gente estaba enfrascada en el juego, nosotros pasamos casi desapercibidos hacia el mostrador a tomarnos nuestro refrigerio.

De paso, evitamos los saludos tan molestosos y que tanto revuelo forman en estas circunstancias.

Por la hora que marcaba el reloj, las partidas debían estar a punto de acabar, y siempre se da el caso de que todos quieren invitar, pero nadie quiere perder. Puede que alguno se escaquee de echar mano a la cartera, para fastidio del compañero de juego, que para otra vez aprenderá a elegir qué pareja buscar, aunque en la mayoría de los casos se suele echar a suertes al empezar la partida.

—¿Y por qué eso?

—Desconfianza en ganar y confianza en pagar.

—O sea, mal compañero.

—Eso mismo, a echar a reyes.

—Ya no te pregunto más porque me lías.

—Para pagar a suerte, es el oro.

—¿Echamos a reyes?

—Mejor echemos al oro.

Tuya, mía, tuya, mía… tuya… mía… el oro.

—Te tocó pagar.

—La próxima, a los chinos.

—Eso será la próxima, ahora a comer.

Con un "hasta luego" como cumplido de despedida, procedimos a abandonar el bar cara a casa, deteniéndonos unos instantes en el tablón de anuncios, repleto de papeleo oficial sobre temas del campo y sus sucedáneos, que casi siempre nadie los lee, a salvo que alguien corra la voz y proclame que son de interés vecinal o ayudas a la comunidad.

Casi como el que no escucha pero no pierde oído de las cosas, me pareció sentir por la rendija de la puerta una especie de reto a una partida de guiñote. Tal vez por curiosidad, o tal vez por no poder evitar a quién iba dirigido, enseñé mi cabeza por la entrepuerta y escuché lo que mucho me temía.

Era a un servidor, no esperaba menos de quién venía.

—Sí, sí, es a ti, ¿o es que tienes miedo? Una ligera sonrisa fue lo suficiente para dar a entender que el reto quedaba aceptado.

—Luego nos vemos, prepárate que hoy te voy a revolcar.

—Ya lo veremos.

Un sol de justicia abrasaba a estas horas la plaza, que el pavimento de cemento del Portalillo te invitaba a refugiarte en la sombra. Eso mismo que hacían un par de perros esperando la salida de sus dueños.

Perezosamente bajamos por el callejón de la fuente en dirección a mi casa, aprovechando los escasos metros de sombra que a estas horas nos depara el día.

En medio de una jardinera estampada en flores de varios colores, nos salta un gato de su fresco camastro, disparado como una bala hacia el ventano que abierto permanece desde que hace años, cuando se fueron a la ciudad. Los gatos han invadido el pueblo y han encontrado en los turistas su forma de supervivencia.

Y la historia se repite ya alcanzado el callejón, junto a unas matas de espliego, donde la Callalante sigue su procesión hacia el Cerro y donde las escaleras de la Callejuela se dejan caer a la casa del Cura en dirección al Quiñón.

Por aquí, el perro del tío cual (tú mismo puedes inventarte el nombre) o la perra del tío Pascual (es un decir) están abandonados a su profundo sopor hasta que chirríe alguna puerta con olor a carne fresca de oveja o de lechón.

Impaciente en la ventana, el gato maullando con desazón, observa a los comensales, restregando su cola sobre las rejas y acariciando el cristal, esperando que algún huesecillo quedase medio vestido de chicha para después disputar con uñas y dientes con sus vecinos gatuños.

Ya con el tiempo de espera agotado, cruzando el umbral de la puerta protegida por una cortina chivata hecha a base de canutos de plástico de colorines, más desdentada que la boca de la tía Rosa (por poner otro ejemplo), excusando la tardanza con una justificación tan repetida como inexcusable.

De la tía Rosa, que yo recuerde de chaval, siempre iba rumiando con un par de dientes que le quedaban unas migajas de pan que sacaba constantemente del bolsillo de su delantal. Cuando digo un par de dientes, la realidad era uno solo en forma de campanilla. Mejor, en forma de badajo.

Que de ejemplos se podrían poner a montones, y más si nos fijamos en la gente mayor. Si hubiera que mirar la dentadura, casi seguro que la mayoría serían trasandoscas.

Y hablando de abrir boca, la mesa ya estaba más que lista y con la comida puesta.

Una mesa de madera tan grande como maciza invitaba a hablar casi a voces desde los platos de las esquinas, reclamando la ración correspondiente amontonada en la fuente central de porcelana.

—¿Qué, comes sin pan?

—Si es que…

—Que lo mejor del plato es el final.

—Al tiempo.

Lo del pan era una excusa para abarrer el caldillo que iba quedando del plato de judías pintas que, con un desenfrenado apetito, habían desaparecido en un santiamén.

Mi madre, ya conocedora de los gustos que con preferencia procesábamos en la familia, aprovechaba la mínima ocasión para darnos esa satisfacción y casi siempre nos sorprendía con alguna de sus exquisiteces.

Dicho sea de paso, que es de agradecer, y más tratándose de una cocinera de muy buena mano y mejor hacer. Nunca ha tenido una receta preestablecida, y siempre la experiencia ha sido su breviario al cocinar.

Y viene al caso…

Han pasado ya varias décadas cuando, por estos pueblos, merodeaban de forma constante los habituales tenderos de mulas y borriquillos con sus talegas de lentejas, garbanzos, judías y todos sus derivados, ofreciendo los mejores productos de la comarca a cambio de cualquier cosa que compensara su trabajo.

Mientras el borrico abocicaba su morro en el pozal de agua para saciar su sed, el vendedor ambulante llamaba puerta por puerta ofreciendo sus excelentes productos.

—Que son tiernos y blandos.

—¿Pero hay que echarlos a remojo?

—Eso no se pregunta. Ya verá cuando los pruebe cómo repite.

A todo esto, mis padres estaban escuchando y no tardaron en intervenir.

—Que estos bolos son del huerto del Cañuelo.

—¿Me lo creo o no?

—¡Oye, que no es cuento!

—A ver si resulta que luego son de Ventosa.

—Créetelo.

Siguiendo en la mesa y en la comida, aún seguía echando un vaporcillo el puchero de judías, y eso indicaba que aún quedaban restos dentro.

Los platos habían quedado más que fregaos, y mi madre, con muy buen ojo, no tardó en ofrecerse de nuevo al respetable para repetir la operación.

—¿Queréis otro plato?

La tía Macrina, con el cazo en la mano, estaba presta a la primera solicitud. El tío Vicente asintió con un ligero gesto de aprobación.

—¿Tan buenos estaban? —pregunta la cocinera.

—Un diez merece —reitera el tío Vicente.

—No será para tanto.

—Bueno, pues lo dejaremos en nueve.

Nosotros simplemente comíamos y callábamos.

Las ligeras impaciencias eran apaciguadas con algún trago de vino y otro bocado de pan, aguardando que llegara el segundo plato.

—¡Vamos, pasa el porrón! Que no pare. Lo único en la mesa que no debe parar es el porrón. Que de vueltas hasta que se vuelva borracho.

—¿Te refieres al porrón o a los comensales?

—Da igual quién sea.

En aquello, mi amigo se dio cuenta de que mi madre no paraba de trabajar a cuenta de servirnos a nosotros.

—Qué falta de respeto.

Nos quedamos callados, casi de piedra.

Como era costumbre en los pueblos, todo el trabajo de la casa se dejaba para la madre, salvo excepciones. De ahí que nadie se levante de la mesa a echar una mano y permanecen como mirones hambrientos en espera de una segunda perola que se adivinaba sabrosa por los vientos que provienen en el aire.

—¿Falta mucho?

—¿Para qué?

—Para el segundo.

—Ya va.

Mientras llega el segundo, el porrón sigue dando vueltas como si estuviera modorro, a la vez que nos frotábamos las manos en señal de impaciencia controlada en espera del turno correspondiente.

De pronto, aparece un recipiente con forma de olla humeando a pollo rustido con ingredientes apetitosos.

Tras los exquisitos bolos, lo que faltaba para acabar la fiesta: el pollo escabechado.

Pues era cuestión de darle el pasaporte.

En aquello, suena la puerta de la calle, a estas horas y justo en estos momentos.

—¿Quién será a estas horas?

—Alguno que no tendrá dónde comer.

—No vayas a abrir que nos van a fastidiar la comida.

Toc, toc, pom, pom, cataplom.

—Seguro serán los Jerónimos. Les he dicho que se acercaran luego a tomar café.

Tras abrir la puerta…

—Pasen ustedes. No se vayan a quedar en el pasillo. Ni que decir tiene que iban a pasar, y sin permiso. Por aclarar quiénes eran los Jerónimos, para más datos, la señora Toñi y compañía. Con otros visitantes, la tranquilidad de la comida se hubiera visto alterada, pero tratándose de estos primos, no había por qué molestarse.

—No, no os levantéis.

—Ya, por eso nos quedamos sentados.

El caso es que, entre bocado y beso, que tal, mal y regular, quedó saldado el ritual de compromiso.

—Coged silla y acercaos a pinchar algo.

—Ya hemos comido.

—Nunca está de más. ¡Ánimo, que no se diga! Al oír tal expresión, no pude aguantar la tentación de dirigirme a Toñi y, mirando el puchero, invitarle a coger una chicha. Yo sabía lo que me hacía.

—Venga, Toñi, coge un pellizco de liebre que está riquísima.

—¿Qué dices?

—Está para chuparse los dedos.

—¡Válgame Dios! ¿Será posible?

Más que posible, era imposible.

Un gesto de desaprobación contundente, asociado a una mueca de repugnancia, surgió de su cara como si de una ofensa se tratase, y con un giro de media vuelta dio a entender que no se encontraba bien hallada en estos momentos.

—Pero bueno, vaya crimen. ¿Cómo se os ocurre matar a estos pobres animales? ¿Os han hecho algún daño?

—Daño, daño, no, pero vaya sufrimiento para poder cazarla.

—Además, ahora no es tiempo de caza.

—Es una broma.

—Pues vaya gracia.

—¿No ves que es pollastre?

—Ya no me fío de nada.

—Pues pruébalo.

Tras oler, mirar, olfatear y demás, se dio por convencida y quedaron exculpados de su actitud. Ya con el asiento tomado y el culo acoplado a la silla, el resto de la comida siguió como iba siendo, con un tono de cariz distendido, amenizado por chismorreos y anécdotas de otros tiempos, relativos a personas o hechos que habitualmente suelen salir a la palestra con cierta facilidad, permitiendo a estas horas apaciguar el calor con el deseo de una buena siesta.

El porrón iba perdiendo el conocimiento, mareado de dar tantas vueltas alrededor de la mesa como un satélite. La fuente de pollo bailando de tanto dale que dale. Y entre el uno y la otra aparecen unos dulces en forma de torrijas chorreando miel y con ganas de seguir de fiesta.

—¡Vaya! Lo que faltaba.

—¡Ea! Que no se diga…

—Esto nos dará un corte de digestión.

—Y después de tanto vino, miel.

—Así el cuerpo resiste mejor la siesta.

—Más vale morir en la cama harto, que no en la calle muerto de hambre.

—Más vale flaco sano, que gordo muerto.

Cada cual exponía sus motivos para justificar sus manías.

A todo esto, interviene la tía Macrina para intentar el entuerto y dejar a todos contentos. Que tenía unas barras de pan un poco de días y, por no tirarlas, me ha parecido que la mejor solución sería hacer unas tostadas y rebañarlas en miel.

La tía Macrina, mientras seguía dando vueltas a la cocina con plato va y plato viene, les aclaró que los corruscos más duros los había metido en remojo para hacer migas al

144

día siguiente, aprovechando unas uvas que tenía para su acompañamiento.

—No hace falta que nos dé más explicaciones, las torrijas están para chuparse los dedos.

—Vamos a ver, ¿quién quiere café de cafetera?

—Uno, dos, tres…

—Yo, que sea descafeinado.

—¡Ya estamos!

—Sí, claro, ya se lo digo a la cafetera.

—Que hay que cuidarse.

—Después de tanta gula, el descafeinado no sirve de disimulo.

Una vez cumplido con el culto culinario, cada cual cuidó de buscarse la excusa y el lugar más adecuado para reposar la comida y seguir manteniendo en vivo el rito de ver la caja tonta —entiéndase la televisión— e informarse del tiempo actual y venidero. A partir de aquí, unos elegirán la cama con siesta, otros se arroparán al sillón para seguir con sumo interés el consiguiente capítulo del culebrón de ultramar.

—¡Chissst! Que empieza.

Los Jerónimos se levantan, abren la puerta y adiós.

—¡Chissst!

En la televisión, primero presentan a la buena, luego a la guapa, ahora la mala y, después de todos, la sirvienta de la casa.

La banda original de música no para. Invita a meditar.

Unos gemían, otros dormían y los más espabilados unas copas se tomaban.

—¡Ea, que te duermes!

—¡Uf! ¿Qué decías?

—Que cómo está el ganao.

—¿Pero qué ganao ni que ocho cuartos?

—Despierta, que no te enteras.

—Es que estoy un poco…

—El ganao anda mareao.

Y hablando de ganao, me viene a la mente todos aquellos atajos de ovejas que en su momento hubo en el pueblo. Hasta cerca de tres mil cabezas pastaban por el término del pueblo, sin contar el rebaño de cabras que cada día reunían de los vecinos y que el cabrero de turno se las llevaba a ramear al monte.

En estos momentos, esa situación es una imaginación difícil de creer. El único atajo de ganao es el que tiene la Toñi, y no precisamente de ovejas, sino de gatos.

Es cierto y verdad que la cuadra de su casa la tiene acondicionada para que los felinos puedan entrar y salir a su libre comodidad, con su correspondiente menú de degustación.

En la sala VIP, es decir, en la vivienda habitual de la pareja, solo tienen acceso un par de gatos: el Golfo y la Negrita. ¡Vaya vida más gatuña que disfrutan!

El Golfo andaba un poco delicado. Había tenido un altercado con un perro que le andaba buscando para darle una refriega y enseñarle cómo es la vida en la calle.

—¿Cómo está el Golfo?

—Con el metatarsiano del dedo gordo roto. Pobrecillo, ha pasado una temporada muy mala y hasta le he tenido que poner calmantes. Casi ha perdido el dedo de la mano derecha.

—O sea, ¿de la pata de alante?

—Me ha parecido verlo esta mañana por la Colmenilla y por el puntal de la Lomilla.

—¿Estaría cazando?

—Mejor dicho, divirtiéndose, porque hambre poca pasa. Cuando se canse de estar en el campo, se viene a casa a joder la marrana.

—Pero habla bien, mujer. De claro que lo dices, solo falta que lo digas más alto.

—Para ser más exacto, a joder el cojín. Porque tiene cojines la cosa.

(Nota aclaratoria)

El Golfo: Felinus Eroticus Interruptus. Animal atigresado de cuatro patas que, por bigotes, donjuanearía cuando le apetece con la que quiere y hace el amor con quien le da la gana, hasta con el cojín.

Casi sería obligado seguir con el hilo que llevo entre manos por aquello de no liar el ovillo, pero dado que la señora aquí ausente es la más acérrima amante de los animales y, en especial, de los felinos…

Por cambiar de tema y como rutina diaria, me acerqué a la ventana a ver cómo estaba el panorama. Mi mirada siempre se dirigía a la zona de los Poyales y el Sestero, por si el azar veía algún pastor que caminase hacia la paidera a soltar las ovejas y nos indicara la hora propicia de salir al campo a dar un fresco paseo.

Mientras yo me imaginaba irrealidades, parte de la tropa había emigrado hacia los aposentos, y el que mareado andaba no parecía dispuesto a participar en la ocasional tertulia por aquello de la digestión de la comida y el empacho de pueblo que durante toda la mañana había tenido que digerir.

Es tan sencillo estar de acuerdo en casi todo y llevar la contraria a la vez, que los parlamentos se alargan hasta la borrachera mental.

Como ya no sabía de qué hablar, y viendo que el silencio se aliaba con la televisión, volví a tomar la iniciativa y empecé a abrir el cuaderno de las cosas del pueblo. Son cosas que siempre interesan o, por lo menos, merecen escucha.

—¡Oye! Por hablar de algo…

—¿Sabéis si echa agua el Ojo?

—No creo que por estas aún eche. No es nada habitual, aunque con la cantidad de agua que ha caído, no me extrañaría que rezume algo y que salga en la fuente de las Burbujas.

—No sería mala idea darnos una vuelta cuando caiga la tarde al arroyo Molinicos. Podemos ir por la Chavida y volver por el camino del Atajuelo.

—¿Y por qué no nos acercamos a ver las carrascas truferas de Jerónimo?

—A mí me da igual.

Mi amigo seguía dormitando con profundo sopor, sin enterarse del asunto que estábamos negociando.

—Que le den por saco.

—Pobre chaval, con el interés que pone en aprender las cosas.

—Mañana lo coges al hacer de día y te lo llevas al alto del Pinillo.

—No hay problema, ¿si me acompañas?

—Luego a la noche lo estudiamos.

—¿Tú crees que las mujeres estarán dispuestas a darse esta tarde la caminata al Ojo?

—No fastidies, si son cuatro pasos.

—Bueno, ya veremos.

—Es igual, mejor solos que arreataos.

—Tampoco es eso.

—Pero, además, el que no sale por la tarde a pasear en cuadrilla y con el jersey al hombro en este tiempo comete un pecado. Es obligación hacerlo.

—¡Venga ya! Ahora me cojo yo la carretera palante hasta las piedras de los Barrenos y vuelvo con un ramillete de margaritas de la balsa de la Dehesa.

—¿Y por qué no?

—Eso lo hacen los de la tercera edad.

—Y los que no lo son.

—¿Así que tú no lo eres?

—Yo busco caminos alternativos. La rutina atrofia la mente.

—Pues yo sufro de lumbago.

—Bueno… y cambiando de tema, ¿cómo van las cosas por el pueblo? ¿Hay novedades de última hora?

—Como siempre. Los problemas de cada día y las añadanzas que tú quieras poner.

Por el pueblo nunca falta trabajo; hay todo lo que quieras y más. Discusiones con todo el mundo a diario, porque lo que a uno le parece bien, al otro le parece mal, y viceversa. Siempre depende de los intereses personales.

Hay que tener en cuenta que, hasta cierto punto, eso es normal, ya que la gente que vive aquí, en su día, quedaron marginados de la sociedad, y las gentes que abandonaron el pueblo con todas sus pertenencias han regresado de manera agresiva después de varios años sin dar señales de vida. De no querer nada y renunciar a todo, a querer ser los salvadores de la patria.

—Este tema tendremos que discutirlo más veces.

Como era cuestión de matar el tiempo, nos trasladamos allá por los años sesenta, por mil novecientos sesenta, donde nos encontramos un pueblo olvidado de la evolución histórica y social, perdido en el pasado y apegado a la tierra como maná salvador, con gentes rudas y, en su gran mayoría, incultas, que son capaces de sufrir hasta hacer de lo imprescindible lo necesario, con una manera de pensar mediatizada por la formación religiosa y política desde los altos estamentos de la iglesia y el estado.

—Sigue, sigue…

(Ya ha cogido carrerilla de nuevo).

La máxima natural del ser humano es la procreación, que se lleva hasta las últimas consecuencias, dando como resultado familias superpobladas con recursos mínimos para subsistir.

Como resultado de lo antes mencionado, se fortalecen los clanes familiares como defensa de sí mismos, y se arraigan por toda la comarca los patriarcados. La familia se ve supeditada al número de hijos que consiguen sobrevivir, y más si son miembros varones, que dan más posibilidades de poder.

Aún hoy en día siguen en el lenguaje popular expresiones como "tú eres de los tal" o "de los cual", con toda normalidad y hasta con cierto halago.

(Vaya rollazo que está soltando).

Pero el hombre, como ser racional por naturaleza, dispone de un grado superior de inteligencia a cualquier ser viviente, lo que le lleva a pensar que el motivo de supervivencia tiene que ir relacionado con una satisfacción tanto individual como colectiva, y según el hábitat donde se desarrolla, así será su propia evolución.

—¿Qué pasa, no te gusta lo que digo?

—Que sigas con la lección.

—¿No te irás a dormir?

—No estaría del todo mal.

Pues, como te iba diciendo, obligados por las penurias económicas y espoleados por la invasión de noticias que lleva la modernización de los medios de comunicación, se provoca un estado de inmigración impropia de la mentalidad familiar que siempre había imperado.

El Estado, con el nuevo régimen de la posguerra, potencia y provoca una revolución industrial para recuperarnos de la guerra civil, auyentando y prometiendo vidas mejores a las gentes de los pueblos para que se vayan hacia lugares desconocidos, arrastrando consigo toda su prole. El lugar de todos es sabido: las grandes zonas industriales de las ciudades, donde necesitan mano de obra barata y comprometida.

Sigo…

En un principio, con ciertas dudas, solo sale el padre de familia o algún hijo mayor con estancias temporales a cientos de kilómetros y sin ninguna estabilidad en la faena, preferentemente aprovechando las épocas de bajo trabajo en el campo. Con el tiempo y con la explosión de oferta de trabajo y la expansión industrial, levantan todo el clan familiar y emigran a los alrededores de las grandes urbes, donde son más asequibles los pisos para vivir. Recordemos que estamos en pleno desarrollo económico y social, forzado en cierta manera por las tendencias extranjeras a raíz de la mecanización implantada en los países centroeuropeos, británicos y, sobre todo, por la tutela de Estados Unidos.

Acabábamos de salir de una guerra civil, tan innecesaria como absurda e inútil, donde perduran las heridas sin cicatrizar en el entorno político y vecinal, lo que hace que el pueblo trabajador vea que sus esfuerzos por conseguir la reconciliación sean vanos, y con todo esto se vive en una constante tensión con los poderes fácticos de la dictadura.

(Eso está más que sabido).

(Depende para quién).

Y sabido es que la emigración ha tenido que soportar toda clase de vejaciones y vilezas, desde jornadas de trabajo interminables a cuenta de unas remuneraciones irrisorias por parte de la empresa, hasta tener que aceptar lugares y puestos con las mínimas medidas de seguridad y con ausencia total de derechos laborales y de sindicatos que pudieran intervenir.

(Eso casi de memoria).

—¡Eh, que se te cierran los ojos!

—Ya, ya, y todo esto viene a cuento de qué…?

—Pues eso, lo que iba diciendo.

—Ale, ale, prosigue.

Prosigo…

Una vez hecha esta reflexión y volviendo a este pequeño pueblo de Adobes, nos situamos en una de tantas familias compuesta por cuatro, seis, siete, o tal vez una docena de miembros, dependiendo de un minifundio troceado hasta la saciedad por los diversos repartos hereditarios o, en el mejor de los casos, con un pequeño rebaño de ovejas que apenas son suficientes para matar el hambre de todo el clan. Los únicos recursos adicionales son una docena de gallinas con su suministro de huevos, un par de cabras para la leche diaria, un cerdo pendiente de alimentar hasta el invierno y unos sacos de patatas sacadas en pleno otoño. Gracias a todo esto se podía salvar la dieta de cada día.

La historia nos demuestra que la evolución es innata al ser humano y, como tal, no iba a pasar desapercibida por estos confines de la provincia de Guadalajara, por muy escondido que se encuentre entre pinares y encinares.

(Ale, ale, prosigamos…).

El hombre, con todo su entorno, es capaz de crear su propia historia, pero en ningún modo de modificarla, a pesar de las páginas negras que durante siglos la sinrazón ha escrito en infinidad de ocasiones con borrones que el paso del tiempo tiende a difuminar, pero nunca a borrar.

Aquí, en la España más reciente para unos, casi en el olvido para otros, nos tocó vivir una de esas páginas negras con la ya mencionada guerra civil, donde no solo se rompió el equilibrio económico, cultural y religioso, sino que afectó de manera muy directa a la convivencia, no solo en los pueblos, sino a las propias familias. El resultado no fue otro que la ruptura de la propia sociedad, todo esto incubado y germinado en un núcleo tan pequeño de casas que hace que la posguerra distancie y haga que las familias sean irreconciliables.

Recuerdo: una guerra civil inútil, absurda e irrisoria.

—Sigue, sigue con tu rollo.

Quizás algunas de las razones expuestas parezcan una excusa para justificar la emigración, o tal vez la más básica, que es la propia supervivencia. Lo que es evidente es el hecho producido, y cada cual buscará su razón para justificar su partida. No hay más que acercarse por esos pueblos de Dios, olvidados en los confines de la sierra y, en su gran mayoría, moribundos. ¿Acaso necesiten una explicación razonada?

—¿Decías algo?

—Sí, que despiertes.

—Qué…

—Que corras las cortinas de los párpados, así verás las cosas más claras.

—A veces, con los ojos cerrados, se ven las cosas más claras.

Me dio la impresión de que no hacía ni puto caso, aunque la verdad no me importaba demasiado porque era una lección que, de tanto repetirla, se la debía saber de memoria.

Por la ventana entraba un sol que cegaba.

Se lo debía saber de memoria, como el padrenuestro, el cara al sol, los reyes godos o las cuatro tablas de los cuadernos de la escuela, que en remotos tiempos del colegio teníamos que recitar de carrerilla sin la más mínima duda o, de lo contrario, te hacían escribirlo dos mil veces, aparte del castigo correspondiente.

—¿Decías algo?

—Sí, ¿qué es eso de la carrerilla?

—La carrerilla es la manera de aprender que me enseñaron cuando iba al colegio. Había que decir la respuesta de forma rápida y sin equivocarse.

—¿Seguro?

—Joer, y tanto que sí. ¿Quieres que te diga de memoria los Reyes Godos, los ríos de la península, los cabos, los golfos, etc.?

—No, no, que ya sé que te lo sabes.

—Ataulfo, Recadero, Wamba, el cabo de Peñas, Machichaco, el golfo de Cádiz, el de Vizcaya, el río Miño, el Palancia, el Tajo, el Guadalete y el Gallo.

—También te puedo decir la fórmula de la circunferencia, el teorema de Pitágoras, el pretérito imperfecto del verbo haber o cómo el CO_2 se convierte en H_2O.

—Para, para, que te veo lanzado.

—Jope, pero es que es verdad, la gente de hoy en día no sabe ná de ná. Dos y dos a duras penas, y encima te dicen que el Ebro pasa por Valladolid. Los de Valladolid dicen que es el Tormes el que pasa por Zaragoza, y los de Toledo afirman que el Tajo ya no pasa por Lisboa porque se han llevado el agua a Murcia y que van a poner una playa en Madrid.

—¿No será que estamos en una onda con distinta frecuencia?

—Nunca épocas pasadas fueron malas.

—Eso es lo que pensamos nosotros.

—Pues a mí me parece que la gente joven sabe aprender lo que le interesa y sabe disfrutar del tiempo más que nosotros.

—Pues que disfruten todo lo que puedan, así luego podrán contar sus aventuras con nosotros.

—Pero nunca de carrerilla.

—Ellos se lo pierden. Era muy divertido.

—¿Por dónde iba?

—Y yo qué sé. Iba por…

—¡Madre mía! Pues no queda rollo.

Como iba diciendo anteriormente, en un principio las salidas del pueblo a otras regiones se producían de manera esporádica y en temporadas de poco trabajo en el campo, con el objetivo de paliar el déficit de necesidades económicas que, en muchas familias con excesiva prole, no se podían permitir tener miembros en paro y no colaborar al sustento familiar.

En boca de generaciones anteriores se dejaba sentir sus preferencias por las tierras de Andalucía, en busca de unos reales que llenaran la cartera o de unas arrobas de aceite que traer a casa. Otros muchos, y unos años después, se decidieron a marchar a Cataluña, donde la mano de obra se solicitaba con urgencia, sobre todo en la industria.

Cataluña fue la región que más atraía a la gente joven de la comarca, principalmente en las zonas del Pirineo, con la construcción de pantanos, carreteras y el carbón, como en las áreas industriales del bajo Llobregat y zonas francas.

Puesto en marcha el tren de la emigración, los primeros en subirse fueron los mozos y jovenzanos libres de tareas del campo y de la obligada mili, incentivados por un futuro incierto y desolador, y con el único objetivo de hacer dinero fácil con el que saciar sus mínimas necesidades propias de la edad y, a su vez, añadir un suplemento a la casa paterna.

Y no todo era bueno y bonito. Algunos de ellos, de vuelta al pueblo, reportarían, junto a la modernidad y el dinero, penosas enfermedades ocasionadas por los nefastos sistemas de trabajo ejecutados, carentes, en la mayoría de las veces, de las básicas medidas de higiene y seguridad.

En el caso de las mozas, en muchos casos casi niñas, influyó el poco valor dado al trabajo de la mujer en el campo y la casa, compaginando con el machismo existente la necesidad de dar salida al trabajo a toda prisa. Siendo aún quinceañeras, ya se mandaron a servir a los señoritos de las ciudades e, incluso, encontrar un futuro novio para formar una nueva familia.

Este nuevo tren cada vez se ve en la necesidad de efectuar más paradas, y en sus apeaderos se amontonan familias enteras con el mismo fin: emigrar en busca de una mejor vida.

Aparecen y aparecen familias con los macutos y maletas llenas de ilusiones y desprovistas de referencias reales donde dirigirse, entregadas al azar de encontrar cualquier cosa. Hasta puede que ciertas opiniones o afirmaciones sean falsificadas por algunas gentes, sobre todo por algunos veraneantes esporádicos que aparecen como ángeles salvadores, vestidos de camisa blanca de tergal y pantalón de nalga corta.

Puede que, a última hora y en el caso de esta comarca, se diera el hecho de que muchas familias se vieran ahogadas en el pueblo por tener que mandar a sus hijos a estudiar a otras poblaciones con colegios mayores, por aquello de hacer un hombre de bien.

En el caso de este pueblo, como el resto de la comarca, todo el tinglado estaba promovido por la iglesia, con el apoyo del gobierno existente, y usando como medio de atracción a los curas y párrocos de los pueblos, donde reclutaban a niños y niñas de edades infantiles para aleccionarlos en las ideas de la nueva dictadura.

—¿Me estás escuchando?

(Chacacha, chacacha, chacacha, pom, pom…)

—Con tanto traqueteo del tren no te podía oír.

(Chacacha, chacacha…)

—¿Se oye o no?

—Tú sigue, que ahora el tren lleva buena marcha.

—Pues sigo…

Una vez que el tren de la emigración va apeando a cada uno en el lugar predestinado, llega el momento de buscar trabajo urgente, el asentamiento de la familia y, sobre todo, intentar un equilibrio y estabilidad económica.

En ambos casos, la solución aparentemente no parece entrañar demasiados problemas, porque las grandes urbes están ansiosas y sedientas de mano de obra barata. En cuanto a la vivienda, como norma general, recurren a familiares más cercanos, donde residen provisionalmente hasta encontrar su residencia habitual.

Las estaciones de destino son las ya mencionadas, como Barcelona, Madrid, Valencia, Zaragoza y otras limítrofes, como Teruel o Castellón. En cualquier caso, siempre había preferencia por las referencias positivas de familiares cercanos.

El tren seguía sin parar.

La frecuencia de paradas en los apeaderos antes mencionados se produce cada vez con más regularidad, lo que hace que el mismo espacio de convivencia se vea saturado de personas de diversos lugares.

Las peculiaridades regionales de cultura, lengua y costumbres de los lugares de procedencia serán determinantes en muchas ocasiones, creando, en los nuevos extrarradios y barrios, una difícil convivencia y con relaciones personales que tendrán que pasar décadas para poder asumir las nuevas costumbres.

Y a todo esto se añadirá el hecho de formarse las llamadas ciudades dormitorio, donde prima la masificación de personas y la escasez de espacios libres, que provoca una falta de libertad, primordial para todo ser humano, y más para todos aquellos que estaban acostumbrados a vivir al aire libre y de manera rudimentaria en los pequeños pueblos de procedencia.

—¿Me escuchas?

—Por supuesto.

Es aquí, donde ante una sociedad robotizada, carente del oxígeno necesario para poder desarrollar sus ideales personales, y ante una sociedad cada vez más materialista y cerrada, es donde renace el deseo de libertad de sus antepasados y la añoranza de volver a contemplar todo aquello que en su día se dejó sin una justificación meditada.

(Piiiii... pi, pi... Pasajeros al tren).

Tren con destino a...

(Piiii, pi, pi...).

—Creo que no voy a seguir, porque no me escucha nadie.

—Que sí, que escucho.

A pesar del traqueteo del tren, nadie parpadeaba ni movía un dedo. Uno roncaba, otro deliraba, y el que parecía más espabilado se notaba que estaba soñando lo que le interesaba. Todos estaban ajenos a la realidad.

Reconozco que el monólogo cada vez se hacía más difícil de digerir. Por otra parte, ellos no podían disimular su bienestar en la digestión de la comida, sobre todo por la placidez que demostraban en sus respectivos aposentos.

—¡Atención, atención!

—¿Qué quieres ahora?

—Nada, que os levantéis.

—Vale, ya vamos.

—Llevo hablando como una hora y media, y a saber si vuesas mercedes se han enterado de algo, porque dormían y roncaban como sanchopanzas en el pajar del posadero tras haber ingerido un capón bañado en vino.

—¿Qué dice vuesa merced?

—¿Acaso ha perforado mi relato el tímpano de vuestros oídos?

—¿De qué iba la historia?

—¿Y lo preguntas? De recuerdos vivos, donde la realidad se convierte en sueño y el sueño lo vuelve realidad. De pretéritos imperfectos y presentes futuros.

Parece que ya van resucitando.

—Yo no sé si estaba soñando.

—Puede que sí.

Entre aparatosos movimientos de holgazanería, iban colocando cada hueso en su sitio hasta recomponer su habitual compostura. Diríase que procedían del Edén o el Paraíso Terrenal, por lo felices que se veían.

Yo hubiera seguido de orador, pero, en vista de los feligreses, la decisión más apropiada era decir… amén.

—Amén.

—Que ya vamos, no seas impaciente.

Por unas horas, y casi premeditadamente, me había olvidado de mi amigo de viaje para permitirle un descanso físico y mental más que merecido, ya que, a estas alturas de su estancia en el pueblo, el amontonamiento de anotaciones y anécdotas durante la mañana debía ser agotador.

Y se hizo la luz.

Y se acabó la siesta.

Unas palmadas con agua fresca sobre las mejillas parecían jadear entre las burbujas de jabón y levantaron el ánimo de los resucitados, a la vez que unas coplillas sin letra se deslizaban por la escalera hacia el portal de la casa, para mejor disimular las ojeras que había producido la siesta.

El ruido de grifos, sifones, desagües y demás intemerata hizo que el alboroto se encargara de despertar a todo bicho viviente, y, por momentos, se volviera a recomponer el cuadro familiar habitual. Uno por uno, y cada cual, se asomaban a la ventana para comprobar cómo iba el sol y si era la hora propicia de salir al campo a disfrutar de la naturaleza.

Mientras la gente se espabilaba en el salón, aproveché para preparar unas chucherías con que acompañar el tiempo de ocio que íbamos a emprender y que más adelante echaríamos en falta. Una mochila llena de migajas de pan que tenía mi hija, acostumbrada a dar viajes al Espinar, me dio la idea, y hasta se me escaparon dentro unos trozos de queso, fruta y longaniza.

De vez en cuando, se difuminaban las sombras de algunas personas que pasaban por la calle frente a la cocina y que las cortinas permitían fisgonear sin ser vistos.

—¡Toma ya, por mirón!

Eso es lo que le pasó a más de uno por hacerlo en la contraventana o entrepuerta. Un buen pellizco en la nariz.

—¡Toma ya!

La gente del pueblo ya empezaba a moverse en dirección al Collado, con el jersey al hombro, en señal evidente de que llegaba la hora del paseo.

—¡Venga, aliviar!

Con la mochila a la espalda, adelanté la marcha por aquello de arrastrar la comitiva, que parecía reacia a la procesión anunciada, saliendo por la puerta de la cuadra a través de unas sábanas que habían tendido al sol. Por la carretera ya se veía una caterva de gente en dirección al pinar.

Eran personas mayores que preferían dar un rodeo por el prado de la Ermita o la fuente del Espinar. Como mucho, llegaban a los dos kilómetros, justo antes de llegar a las piedras de los Barrenos, donde tenían un banco para descansar.

Al poco, se abrió el telón y apareció entre bastidores de sábanas mi colega de viaje, con cara de teatro trágico por el aspecto que reflejaban sus ojeras. Sus lentes no parecían adaptarse cómodamente al sol por los gestos que hacía, y sus repetidas muecas se dibujaban en su cara.

Una vez, apenas unos segundos, que las niñetas de sus ojos se graduaron a la luz ambiente, decidimos iniciar la salida, no sin antes dejar el mensaje de nuestra intención a través de vociferantes palabras dirigidas al resto de la tropa.

—Que ya nos vamos. (A grito pelado). En los huertos os esperamos. (A media voz). Que hagan lo que les dé la gana. (Sin voz).

Apenas anduvimos unos metros cuando tropezamos con la tía Ramona (lo de tropezar lo dudo mucho, porque suele estar al quite de todo lo que pasa por la puerta de su corral), y que, a la vez de saludarnos con un par de besos y un "ay, hijos míos", nos insinuó si disponíamos de algún tiempo libre un día de estos para quitarle unos hierbajos que tenía en el corral y que hacían mal efecto a la vista.

—No se preocupe, tía Ramona, todo a su tiempo.

Y tan contenta.

A escasos pasos de nosotros, se dejaba ver un cerezo adornado con pendientes de llamativo carmín junto a la pared inferior de la casa del Cura. Caso inhabitual por estos lares, debido a la climatología adversa para este tipo de arbustos. Me consta que sobreviven: uno por la puerta del tío Félis, apodado el Perejana; otro en la cerrada del tío Vicente, en el Cañuelo; otro detrás del Ayuntamiento; y quizás, entre los huertos, algún otro posible.

Y vuelvo atrás.

El caso de esta señora, la tía Ramona, es un tanto peculiar dentro de la norma habitual que imperaba en el pueblo durante todo este siglo. Digo durante todo este siglo porque está ya en los noventa y pico de años de edad, certificado con partida de nacimiento y por los más ancianos del lugar, y que aparentemente ni lo parece ni lo quisiera parecer, y no es que quiera disimular ni tampoco puede hacerlo. Da la impresión de ser una persona actualizada a la sociedad de hoy en día, a pesar de haber convivido con generaciones anteriores, escasas de cualquier nivel cultural.

Recuerdo por mí mismo, aparte de habladurías de la gente, que en su haber siempre se ha dicho que en su casa pernoctaban los maestros que venían al pueblo y, como consecuencia, recibía un suplemento adicional a los ingresos familiares y, a su vez, un entorno cultural superior a los demás.

Cabe también recordar que era una casa sin hijos, de ahí que pudiera acoger a dichas personas, cosa que en la mayoría de las familias no permitía el espacio físico y de privacidad.

Recuerdo a su marido, el tío Nicolás, cuando trabajaba de albañil y de carpintero en la casa que hizo mi padre cuando yo era niño, como un señor muy serio, educado, meticuloso y con una personalidad distinta a lo habitual del pueblo. Quiero pensar que el mismo oficio, añadido al entorno familiar vivido, hiciera de este matrimonio algo especial.

En esta casa se recibía el periódico diariamente, lo que contribuía a ser una fuente de información para el pueblo sobre los acontecimientos que ocurrían por el mundo. A falta de aparatos de radio por las casas, la única solución era preguntar al tío Nicolás o a la tía Ramona cómo iba la nación, aunque fuera con una semana de retraso y siempre bajo la versión oficial del gobierno de turno, llámese dictadura de Franco.

—Enseguida cambio de tema, pero me apetece comentar alguna cosilla más de este peculiar matrimonio.

No sé por qué me he comprometido en dibujar el retrato de esta familia, cuando mi conocimiento se limita a encuentros esporádicos de fin de semana en temporadas de primavera y verano y los recuerdos de chaval.

La verdad es que ella, la Ramona, provoca la conversación en cuanto se le presenta la ocasión. Yo creo que la soledad en que suele vivir, hoy en día viuda de hecho, le obliga a salir en cuanto oye el menor ruido, siempre que le funcione el sonotone, porque de lo contrario se limita a decir: "Háblenme más alto, que no oigo".

Para no extenderme más, como epílogo final, añadir que, a pesar de los años que lleva pasados, es increíble ver cómo sube y baja por la Callejuela, casi al trote, a la voz de "que ha llegado el panadero".

—Pero, ¿dónde va tan deprisa, tía Ramona?

—Je, je.

—Que se va a caer.

—Sí, hijo mío, a por el pan.

—Pues hasta luego.

—Adiós.

—Y yo pensaba que no oía.

Eso pensaba.

> Ya sube la tía Ramona
> Con alpargatas de esparto,
> Ligera en su caminar,
> Sin importarle los años.

> Que ha llegado el panadero
> Y la tanda ha de quitar.
> Que si hay que ser la primera,
> No solo será en la edad.

Seguimos…

En realidad, era un servidor el que hablaba, callaba, paraba o andaba. Pues entonces, seguimos…

Apacentamos un poco el tiempo cogiendo unas cerezas que nos miraban a los ojos con guiños irresistibles al vaivén del viento. La tentación iba por dentro, y grande fue la sorpresa cuando comprobamos que el dulzor de su mirada se convertía en amargor al paladar.

—¡Buafff!

—Date ya, qué malas están.

—Cómo nos han engañado.

—Déjalas.

Avanzamos unos metros para escupir la pulpa que restaba en nuestra boca sobre una jardinera que, por los restos que acumulaba, era conocedora de más situaciones de engaño.

Tras unos breves instantes…

—¿Será posible cómo nos ha engañado?

—Eso pasa a veces, las apariencias engañan.

—¡Buafff! Aún me queda el amargor.

Y a todo esto, el resto de la cuadrilla sin aparecer.

Aprovechando el parón provocado por el mal sabor de boca y la incertidumbre de la espera, me sirvió para ir comentándole al amigo sobre el contorno en que nos hallábamos.

—Por aquí, donde estamos, antiguamente estaba el árbol de la tía Basilia. Era un olmo espectacular, el más grande del pueblo.

Tras muchos años, aún siguen saliendo retoños por toda la cuesta de la Callalante, dicho en cristiano la Calle de Adelante, cuyo nombre es simple de deducir y que oficialmente se llama la calle de las Procesiones. Y deduzco, y es fácil de comprender, que, como la mayoría de la gente forastera llegaba por el Collao, en cuanto entraban por el pueblo tenían que preguntar por dónde se iba a los sitios, lo que llevaba a decir por costumbre "siga la calle palante".

—¿Enterado te has?

—Así cualquiera pone nombre.

—Es la tradición popular, y eso no hay quien lo cambie. Ten en cuenta que, en pueblos tan pequeños, la nomenclatura de las calles está adaptada a su uso, a lugares o cosas específicas del lugar, o con referencias a personas u oficios.

—¿Luego existen?

—Pues claro. Cuando el pueblo era como tal, y todo el mundo daba por hecho y por válido los nombres que se usaban, incluso se puede verificar en papeles oficiales y documentos locales donde se daban por legales.

Mi apreciación estaba referida a lo que es hoy en día. Gran parte de la gente no conoce el nombre de la calle donde vive, bien porque ha dejado de usarse, o bien porque, en muchos casos, la referencia al nombre ha desaparecido.

Como ejemplos de usos habituales en mis tiempos de chaval, me vienen a la mente lugares tan archiconocidos como la calle del Horno, de la Fragua, de la Solana, de las Procesiones, de las Tejedoras, etc., etc., donde ya no queda ni rastro.

El tiempo pasa, las cosas evolucionan, desaparecen y mueren, y la gente se olvida o desconoce.

—¿Y tu calle cuál es?

—Pues, mira, ya baja la cuadrilla. Ahora dicen que se llama la avenida de José Antonio.

Arreando que es gerundio.

—Eh, vosotros, ¿cómo se llama la calle donde vive este?

—La de las Procesiones.

—Pues él dice otra. Ya no sabéis ni dónde vivís.

Reagrupados a la altura del árbol de la tía Basilia, enfilamos camino hacia el prado de los Lienzos con dirección a la fuente de los huertos, para con ello variar la ruta habitual de la carretera por donde andaban las gentes hacia la dehesa baja.

El sol empezaba a molestar la mirada hacia el poniente a poco que insistieras en adivinar a cualesquiera de los peatones que, a la altura de la ermita, avanzaban cansinamente. La mano usada a modo de visera eclipsaba de forma parcial los rayos solares y servía de catalejo miope para aventurar una respuesta incierta.

—¿Quiénes son aquellos?

—Me parece…

Como jugando a las adivinanzas, uno de nosotros se arriesgó a despuntar sobre el que tenía serias dudas y que, por la forma de andar y la garrota, podía acertar.

—Yo creo que es el Vitorino.

—¿Cuál?

—¡Fíjate! Por los andares se nota.

—Pues es verdad.

Aclarado.

Como un reguero de hormigas, iban desapareciendo por la Boca del Arenal con destino a la Balsa de la Dehesa, las Piedras de los Barrenos o a la Cruz de Hierro, dependiendo de las fuerzas y de las ganas de cada uno.

Las primeras unidades del pelotón casi siempre suelen ser los de la tercera edad, para aprovechar al máximo el solecillo y disponer de más tiempo en el regreso. A partir de aquí, el color gris o pardo se va convirtiendo en multicolor con la fusión de personas de distintas edades.

A última hora, y a tropezones con los que regresan, unas cuantas casadas, aburridas de esperar a sus maridos a que terminen su partida de guiñote o simplemente que no les apetece el pasear.

Cuando la luz empieza a bajar la intensidad en el horizonte y el frescor del anochecer abona la brisa del aire del pinar, el paseo desgranará sus últimos comentarios del día por la carretera en espera del día siguiente.

El amigo, no instruido en tales costumbres, lo veía un tanto pensativo sin saber muy bien la actitud que tomar y se quedaba al margen de los comentarios que andábamos mascando desde hacía rato.

—¿Qué pasa, que no dices nada?

—Yo pienso, veo y escucho.

—Jo, pues ya es bastante.

Tras unos segundos, se decidió a preguntar.

—¿Por qué a este paraje le llaman el Prado de los Lienzos?

No es que sea erudito en el tema, pero, según los comentarios de la gente grande, se debe a que, en tiempos pasados, las mujeres venían a este lugar a lavar la ropa y aprovechaban para tender los lienzos al sol para que se secaran. Y su razón tienen, porque aquí había un prado verde de hierba con su arroyo limpio y soleado, y por aquel entonces, las sábanas, colchas y trapos de limpieza eran de paños gruesos y costaba mucho tiempo en secarse, de ahí que aprovecharan para ponerlos encima de las aliagas y esperar a que el aire y el sol hicieran su faena.

Puedo añadir, como experiencia personal, que un servidor ha sido testigo de dicha práctica e incluso recuerdo haber ayudado a transportar los menudos de la matanza a dicho lugar para lavar los intestinos y luego hacer chorizos.

—Bueno, ya cambia de tema.

—¿Decías algo?

—Vaya tostón.

—¿Quién, yo?

Ya me parecía a mí que me iban dejando un poco de lado. Un tanto mosqueado, tuve que cambiar el ritmo del paseo casi a trote para poder hacerme con ellos. Una vez a su altura, espeté mi desagrado por el gesto cometido, pues una cosa es que la explicación sobre los lienzos se definiera por sí sola y otra muy distinta la voluntad puesta en la explicación.

—¿Qué pasa, que lo que cuento os aburre?

—¿Qué, qué?

—Pues peor para vosotros, podéis pasar página.

En estos momentos, acabo de saltarme una página. Y sigo y prosigo…

Aguanta un poco el interés de la lectura, que todas las historias y comentarios que te estoy relatando no van a ser de dulce miel. Además, como mi intención es mezclarte las cosas como vengan, no tendrás más remedio que emborracharte de letras o, de lo contrario, te quedarás en ayunas y hasta sediento de saber y conocer cosas de este pueblo.

A todo esto, ya nos hemos pasado de largo la Fuente. En cierto modo, casi lo prefiero así, porque en el estado tan lamentable en que se encuentra, no merece la pena comentario alguno, a no ser apenarse por ella. Esperaremos otro momento en el tiempo en el que poder visitarla con toda su grandeza y sencillez de antaño y cuando, de una puñetera vez, se acuerde una zofra para salvarla.

Amén.

Habíamos repechado el alto de la Bartezuela, pues la ruta definida debía llevarnos al Ojo pasando por la Chavida y, con ello, acortar el camino de ida y, de paso, aprovechar el mejor acondicionamiento del camino de concentración.

El ruido de la Chorrera nos invitó a coger el camino viejo. Una treintena de pasos entre las lastras pulidas por el trasiego de las herraduras de los animales en sus quehaceres cotidianos del campo nos dejaron al borde de la pequeña chorrera que forma el arroyo que viene de Valdemartín y que aquí se deja caer desde unos tres metros al vacío de forma caprichosa. En la parte inferior de la cavidad que forma la chorrera se encuentra una fuente natural de fluir intermitente, dependiendo de las lluvias.

Recuerdo en aquellos tiempos de niño, chaval y zagal, cuando aprovechábamos la escasa agua que caía para hacer las abluciones obligatorias al final del verano, para limpiar el pecaminoso cuerpo de toda inmundicia. En concreto, a finales de agosto, con la recolección acabada y las fiestas patronales a la esquina.

Por aquellos tiempos, las casas no contaban con los servicios necesarios para la higiene personal, y había que recurrir a las cuatro palanganas para poder asearse.

Aquellos días de vísperas de fiestas era frecuente ver a los mozos con sus toallas al hombro camino de la Chorrera con el fin de redimirse de toda la suciedad acumulada durante la época estival. El jabón casero hecho de grasas naturales se peleaba a chapuzones y manotazos con el agua fresca para poder arrancar el tamo de la trilla, la mugre de las ovejas e incluso con la más que habitual roña de la desidia diaria. La cuestión era conseguir un aspecto natural de urbanidad, necesario e imprescindible para poder festejar a las mozas en las fiestas venideras.

Aprovechando un ligero parón que se organizó entre los colegas para sacar unas fotos del pueblo y repartir unos frutos secos, yo les hice un breve recorrido del privilegiado lugar donde estábamos. Al norte, el Tallar y Tordellego; al este, la Pedriza y Tordesilos; al sur, la dehesa Somera y Alustante; y al oeste, Valdecatalina y Piqueras.

—Joder, así da gusto. Qué pronto te has despachado.

Abajo nos quedaban los huertos con sus pozos de agua dormida con sabor a menta. Unos viejos perales, unos saucos y unos ciruelos silvestres acompañaban a los abandonados huertos a recordar que también fueron parte de la historia de este pueblo.

Por decir algo, yo he heredado un pequeño huerto de mis padres y no sé por dónde entrar y cómo salir. Está lleno de ciruelos que no dejan pasar, y el pozo está tapado para evitar que los animales se caigan dentro. Supongo que algo tendré que hacer.

Dicen que el otro día
Un pozo se rebeló
Porque en la noche la luna
A su agua no bajó.

Un huerto espabilado
El agua le secuestró
Y de esta forma la luna
De su brocal se enamoró.

Caminábamos de medio lado con la vista puesta en el pueblo, comprobando cómo desaparecían por la loma de las Palomas las últimas casas del Castillo y el campanar de la Iglesia, dejando en el horizonte unas etéreas chufarreras de humo que, con el ligero viento reinante, se disipaban en el infinito y azul cielo.

Tras unas voces de arenga para animar a los rezagados, remontamos el collado del rincón de la Pina, apoyados por el fino oxígeno que inundaba nuestros pulmones.

A nuestra espalda volvió a parecer el pueblo, confundiéndose con los terrones de los piazos de la Bartezuela y la morra del Sestero, repleto de matojos, tomillos y aliagas. Sobresalían por encima de todos la torre, el depósito del agua y el Ayuntamiento. Por los barrios de abajo, nada.

Cuatro chimeneas vivas donde se cuecen las gachas y donde se hace matanza; por lo menos treinta y siete las que se ven apuradas o destartaladas, y una que se supone en el horno, solo funciona a días o temporadas.

Una vez hecha, plasmada y guardada la estampa en postal, encuadrada con sus casas en color oro y tejados grana, sobrevolamos con la mirada la dehesa Baja, loma Larga, los Enebrales, el puntal del Villarejo, el prado de la Zarza y, mucho más cerca, la Pedriza, donde renacen las carrascas.

De frente se nos abre el panorama de una gran loma rota a causa de las nevadas, que han hecho un pedregal lleno de mil filigranas. El hielo, el viento y el agua se han filtrado en sus entrañas, erosionando la tierra y aniquilando las matas. Unos enebros perdidos entre unas cuantas aliagas se consuelan con tener como compañeras del alma unas robustas carrascas perdidas y diseminadas, que el viento en su soledad zarandea con sus ramas, abanicando el aroma de una gedrea lejana y de un tomillo que a sus pies su perfume desparrama, o de un espliego florido con penetrante fragancia.

—Mirad, es allí.

—Pues aligeremos, que es cuesta abajo y bajamos en volandas.

—Sí, sí, volando.

Como si se tratara de un coro: "Volando, volando, a Molinicos voy…"

Dejamos que nuestras pisadas aceleraran la marcha, cacareando unas letrillas con un trote juguetón, con la intención de ser los primeros en llegar. El hecho de sentirnos como niños nos hacía disfrutar al máximo del paseo.

—¿A que llego yo primero?

—¿A que no?

—¿Cuánto te apuestas?

—Lo que quieras.

A la una, a las dos y a las tres.

Salimos a todo trapo, levantando el polvo y hasta las chinas del camino. Enseguida nos cansamos y paramos. Enseguida nos dimos cuenta de que más que hacer una chiquillada, estábamos haciendo el tonto, y convenimos juntarnos con el resto.

Apenas faltaban cien metros cuando…

—¡Tramposo, eso no vale!

Había aprovechado un descuido para salir volando.

—¡Primero!

—Vale, vale, ya me las pagarás.

—Te he ganado.

—Lo acepto.

—Si quieres, te voy contando un poco del Royo Molino mientras llegan los demás.

—Soy todo oídos.

Ya estoy en Molinicos, donde todo se hace magia.

Es como un paraíso con su castillo de hadas.

Arriba, el cielo, el sol y unos chirridos de grajas.

Abajo, un arroyo entre sombras y unos molinos de masa.

Picos y rocas le observan entre el flamear de nubes.

Y planeando en el viento, los pájaros se amansan.

En sus aguas cristalinas se cruzan diez mil miradas.

Molinicos, Molinicos, Molinicos, todo magia.

Quietud, paz y soledad, y unas gotas de agua.

Agua, agua, agua.

No había reparado en ello, pero acabo de traspasar el umbral de las páginas que había establecido, lo que no deja de ser una sorpresa agradable para mí, teniendo en cuenta que no aspiraba a tal hazaña. Y, si digo la verdad, me he quedado con un regusto de principiante con pluma nueva. Apenas he empezado a contar cuatro cosas, y en la imaginación bullen y se arremolinan las ideas a borbotones.

De ahora en adelante, dejaré que la mano guíe la pluma por donde el libre albedrío le marque, sin esquivar cualquier vereda de la mente, por lejana y estrecha que sea.

El día de ayer se me ha perdido en el infinito, con segundos interminables, y el de hoy no quiere acabar nunca. Me propuse llegar al Royo Molino, y lo he conseguido.

La grandeza de esta vida es poder saborear segundo a segundo la razón de nuestra existencia y conseguir la eternidad infinita.

—¿Acaso te has parado a pensar en los millones de segundos que has desaprovechado? Echa cuentas. Este mundo en que vivimos está hecho para nosotros, y la naturaleza está siempre con las puertas abiertas, con toda su inmensidad a nuestro servicio. Disfrutémosla con respeto.

Y, tras esta reflexión metafísica en la que me he perdido sin saber a cuento de qué, me reincorporé al resto de la compañía.

—Pero, ¿dónde te has metido?

—¿Me preguntas a mí?

—¿A quién va a ser?

—Pues…

—Estaba divagando y recordando mis años de niño, cuando empezaba a entender el sentido de las cosas y la grandeza de la naturaleza.

—Ya estamos como siempre.

—Mira, ¿el agua?

El agua sigue igual de juguetona que siempre, entre filigranas de regachos, burbujas plateadas y juncos juguetones. Siento los mismos pajarillos trinar entre las zarzas de arlos y las grajas aleteando en el cielo.

—¿Qué hacemos? ¿Seguimos o nos sentamos?

—Arreando que es gerundio. Volando pal Royo Molino.

—Y si queréis, le ponemos música.

(Volando, volando, al Royo Molino voy… volando, volando).

El vuelo se convirtió en un duro repecho a pocos metros de reanudar la marcha. Tras unas voces de arenga para animar a los rezagados, remontamos el collado de la Chavida, apoyados por el fino oxígeno que inundaba nuestros pulmones.

Unos centenares de metros provocaron un nuevo parón, en este caso justificado por la panorámica que a los cuatro vientos se presentaba, cosa que no era de desaprovechar, dado el caso de que la proyección era al aire libre y, además, gratuita.

A nuestra espalda volvió a aparecer el pueblo, ahora ya confundiéndose con los terrones de los piazos de la Bartezuela y el Sestero, repleto de matojos, tomillos y aliagas. Sobresalía la torre, la iglesia y el ayuntamiento; el resto de las casas quedaban escamoteadas entre los rojizos tejados.

Cuatro chimeneas vivas con chufarreras de humo blanco, donde se cuece y se amasa. Unas treinta y pico se ven apuradas o destartaladas, y una que se supone del horno del pueblo, que no se ve, pero por la chufarrera que lanza, es que la regentan gentes que están haciendo pan y tortas para la semana.

Una vez plasmada y guardada la estampa en postal y encuadrada con casas en color de oro y con tejados de grana, sobrevolamos con la mirada la Dehesa Baja, Loma Larga, el Ojillo, el Prado de la Zarza, el Puntal del Villarejo, hasta llegar al camino donde se agota el pinar y renacen las carrascas.

Puestos de culo al sol, se nos abre el panorama de una gran loma rota a causa de las nevadas, que han hecho un pedregal lleno de mil filigranas. El hielo, el aire y el agua se han filtrado entre las rocas, erosionando la tierra y aniquilando las matas. Unos enebros perdidos entre unas cuantas aliagas se consuelan con tener como compañeras del alma unas robustas encinas perdidas y diseminadas, que el viento en la soledad zarandea con sus ramas, abanicando el aroma de unas gedreas lejanas y de unos tomillos que a sus pies desparraman, o de unas matas de espliego florido con su penetrante fragancia.

El gris rocoso y canoso de la Pedriza, "piedra rizada y de mal andar", rompía su monotonía en el noreste con un socavón perfilado por una gran pared vertical que, desde el lugar que lo observamos, resaltaba sobremanera por el efecto del sol al ocultarse.

—Mirad, es allí. Ya casi estamos, son cuatro pasos.

Era tan evidente el lugar que, para localizarlo, no hubo ni que señalarlo.

—Nada, diez minutos.

—Será si no nos enredamos.

—Además, es cuesta abajo. Bajamos volando.

—Sí, sí, volando.

—¡Vamos!

Volando, volando…

Andando, corriendo…

—¿Veis aquella pareda de barda destartalada en el fondo del valle, a la derecha? Pues los primeros que lleguen que se esperen por allí hasta juntarnos.

—¿Entendido?

—De acuerdo.

Tal vez oxigenados nuestros pulmones por la ligera brisa, o tal vez la bajada en rampa, el caso es que dejamos que nuestras pisadas aceleraran la marcha.

Cacareando unas letrillas sin sentido alguno, nos alejamos del grupo con un trote juguetón propio de una edad infantil, con la intención de ser los primeros en llegar al lugar. El hecho de sentirnos como niños nos había invadido, y por momentos disfrutábamos con ello.

—¿A que llego primero?

—¿A que no?

—¿Cuánto te apuestas?

—Lo que quieras.

A la una, a las dos y a las tres.

Salimos a todo trapo, levantando hasta las chinas del camino. A los pocos metros, nos dimos cuenta ambos de que más que hacer una chiquillada, estábamos haciendo el tonto, y convenimos en pararnos.

Apenas faltaban cien metros cuando…

—¡Tramposo, eso no vale!

Había aprovechado un descuido para salir corriendo.

—¡Primero!

—Vale, vale, ya me las pagarás.

—Te he ganado.

El resto venía parsimoniosamente, sin prisas que les apretaran.

Visto lo visto, nos dejamos tirar junto al arroyo a descansar un rato. Respirar con la musiquilla del arroyo era relajante para el cuerpo y el espíritu.

El paraje denominado Royo Molino debe su nombre, por un lado, al arroyo que cruza por medio de todo el desfiladero, y lo de molino, como su propia palabra indica, es debido a los molinos que en su curso existían.

En concreto, tres todavía visibles en sus ruinas, y que aprovechaban el caudal del agua para mover las piedras de moler.

He podido comprobar en documentos oficiales del Ayuntamiento y otras entidades públicas que era frecuente usar el nombre de Molinicos a dicho lugar. Lo que me dice que esos molinos son de tradición por su expresión y más antiguos de lo que yo pensaba.

La ubicación de este paraje en el término de Adobes, tomando como referencia el núcleo urbano, lo situaríamos al este o saliente, a una distancia aproximada de dos kilómetros, dependiendo del camino a elegir.

Tres vías son las alternativas para llegar a dicho lugar, con distinta distancia y dificultades.

La primera y principal hoy en día es el actual camino de concentración parcelaria que lleva al paraje del Villarejo y que ha ocupado en su totalidad al antiguo. La única dificultad en tiempos pasados estaba en el poder bajar con las caballerías por las riscas que acceden al manantial del Ojo.

Una segunda vía nos llevaría, una vez pasada la Fuente Vieja y el puente de la Badía, seguir recto, olvidando el camino de concentración, y repechar por entre las piedras del

Atajuelo, manteniendo la senda casi borrada en la actualidad, hasta llegar al pie del mirador de Molinicos.

Desde aquí, la Covatilla se junta con el antiguo camino del Castellar, que nos llevará hasta la misma Veguilla, en el curso del río Gallo. De mal andar para las caballerías, tanto en la subida del Atajuelo como en la bajada de las rochas en la solana del propio arroyo Molino, pero el más corto en recorrido para los peatones que querían acceder directamente a los huertos que, por aquellos tiempos, eran muchos y muy bien cuidados.

El camino del Atajuelo, entiéndase como atajo para abreviar el tiempo, era el más usual de ida y vuelta para la gente que no tenía que transportar peso encima, o como mucho una legona o un pozal para el agua.

La tercera vía y más importante para acceder a Molinicos era el denominado camino de Tordesilos. Arranca igualmente en la Fuente, pero se desvía desde la Badía por el camino de concentración hacia las Encudrijadas. Aquí colisionan el antiguo camino de Tordellego y Setiles hacia Alustante y el camino del Castellar y Tordesilos. Seguimos rectos por la denominada ruta de la Fuente de las Burbujas hasta llegar a la altura del primer molino, junto al arroyo y en ruinas.

Me consta del trasiego constante a los molinos con grano para convertir en harina y fabricar el pan. En sus tiempos, posiblemente fuera el más transitado, pues acudían de los pueblos vecinos con las retahílas de animales cargados de talegas de trigo a moler.

Esta vía es la más larga en distancia por la vuelta que da para evitar las pendientes orográficas, y en cambio tiene la ventaja de que su final coincide con los primeros huertos y parcelas que en su día se labraban desde el primer molino en adelante.

Esta parte de labor del arroyo Molino tuvo en años pasados un gran ajetreo de personas que se dedicaban a cultivar todo tipo de hortalizas, patatas y forrajes, dado que el ecosistema del lugar ofrecía las máximas garantías de humedad y radiación solar, tan necesarias en este tipo de faenas agrícolas.

Dentro de un rato pasaremos paseando por este lugar y tendremos la ocasión de comprobarlo con detenimiento.

La figura más aparente para dibujar Molinicos, vista desde el cielo, sería como un abanico abierto con un ángulo de cincuenta grados. El vértice estaría situado en lo que llamamos el Ojo, y sus radios se deslizarían por los farallones de la Pedriza hasta el lugar de la Erilla, en confluencia con el camino del Castellar, y por el lado de la solana llegaría hasta los meandros del rincón del Cobachón.

El barranco, en su conjunto, está formado por corrimientos y hundimientos de las placas tectónicas del terreno. En el vértice o parte ascendente, el hundimiento es más espectacular debido al desprendimiento o rotura de rocas de manera súbita y total, al estar asentadas sobre una bóveda de composición caliza, como lo demuestra el hecho de encontrar infinidad de cárcavas en los muros verticales y por la escasa masa de piedras desprendidas.

En la parte inferior, los desplazamientos de las fallas han sido más lentos y han permitido una erosión natural. En la zona donde el arroyo serpentea, ya pasado el último molino, es donde puede observarse con toda nitidez la inclinación de los espolones de las fallas.

A nivel general del barranco, puede decirse que la placa superficial del terreno evidencia una total inestabilidad, y a tal hecho se debe que tan pronto brote agua por un lado como desaparezca.

Si imagináramos un plano recto y llano desde la Pedriza hasta Cerrosmolinos, nos saldría una gran loma totalmente uniforme y plana. La porosidad de los materiales en la corteza rocosa no puede evitar que el efecto del agua de la lluvia, el aire y los hielos del invierno penetren al interior y formen sifones y torcas que van socavando poco a poco la roca hasta que se produce el hundimiento actual.

Es materialmente imposible pasear por la Pedriza o el borde del Picario sin pisar una piedra o lastra donde no exista uno o varios orificios de distinto calibre y profundidad, y todos hechos a semejanza unos de otros, perfectamente redondeados y acabados como si de una máquina de precisión se tratara.

Todo el contrafuerte del lado del Picario está lleno de agujeros por donde chorrea el agua en tiempos de lluvias y que aprovechan las aves rapaces para establecer sus nidos en primavera, e incluso las abejas para fabricar su miel.

Hace unas decenas de años, la colonia de grajas de pico rojo era de tal magnitud y exageración que, por las tardes de primavera, oscurecían el cielo en sus incesantes vuelos en busca de comida.

El abandono de las tareas del campo en su forma rústica y otras muchas causas naturales contribuyeron a que esta ave autóctona desapareciera para siempre de la comarca.

Ya estoy en Molinicos,
Molinicos es todo magia,
como un paraíso sutil,
como un castillo de hadas.
Arriba, el cielo y el sol,
y unos chillidos de graja.
Aquí, un arroyo entre sombras
y unos molinos de masa.
Picos y rocas le observan
entre el flamear de las nubes,
y planeando en el viento,
a su placidez se amansan.
Molinicos, Molinicos,
Molinicos, todo magia.
En tus aguas cristalinas
se cruzan diez mil miradas.
Espejo mágico del gorrión
que, embelesado, aletea,
sospechando que su sombra
fuese de ayer, mañana.
Molinicos, Molinicos,
Molinicos, todo agua.
Quietud, paz y soledad,
y unas gotas de magia.

A la Fuente de las Burbujas
Charca que burbujeas vida
entre arenillas de plata,
jalonada por mil flores
y esmaltada en escarlata.

A la Fuente del Enebro
De la sombra de un enebro
oí sollozar el agua,
y al levantar su melena,
como cabellos colgaban.

A la Fuente del Ojo
Agua que fluyes de la madre tierra,
del vientre que te tiene aprisionado,
y por el cordón umbilical oculto,
esparces un grito alborozado.

Al Arroyo Molino
Ya estamos en Molinicos,
Molinicos, todo es magia.
Allá bajo los molinos,
arriba, chirridos de graja.

El sol abandona el valle,
escondiéndose entre las rocas,
y dejando tras su estela
un abanico de muecas.

Agua, agua, y más agua…

El alma vitae de todo este paraje es el agua, y el royo Molino su protagonista principal, puesto que por su cauce discurre el líquido elemento.

He tenido ocasión de estudiar meticulosamente todo el recorrido del arroyo en diversas ocasiones, bien por paseos de placer, bien porque, no decirlo, en aquellos días de caza con mi primo Cosme, en que la afición superaba a la realidad, y la única manera de matar el tiempo era andar por andar. Quede claro que, a veces, también la realidad superaba a la afición, y volvíamos a casa con los morrales llenos de conejos, perdices y liebres.

Recuerdo cuando íbamos apuntando en la pared de la cocina de mi primo, con contabilidad básica de la escuela, con palotes cada una de las piezas que cazábamos.

¡Qué tiempos aquellos!

Y lo que se disfrutaba.

¡Quién volviera a tener treinta años!

Los tiempos pasan, las cosas se reviven y no mueren nunca. Cualquier día me pierdo por esos andurriales y respiro aire fresco.

¡Ay! Las vueltas que da la vida.

Sigo, que si me emociono, me pierdo. Ya que estábamos por Molinicos, me acerqué hasta las Juntas, por si daba la casualidad de que llevara agua la Rambla.

Las Juntas, como el propio nombre indica, es el lugar donde se hermanan el río Gallo y el arroyo de los Molinos. Dicho en cristiano de la época, la Rambla y el royo Molino.

Lo que yo entiendo por Molinicos se circunscribe desde el camino de la Cueva, junto al Villarejo, hasta la hoz de la solana del Covachón. Ni quito, ni pongo, solo por determinar el recorrido del cauce del arroyo.

—¡Allá cada cual con sus gustos particulares!

Ya me he pasado unos centenares de metros por encima del Ojo, por aquello de respetar el conjunto natural que lo forma, y de paso obligarte a disfrutar de los escasos ejemplares de paidera de barda que todavía se resisten a desaparecer.

Y, apurando mucho, por la parte inferior se podría alargar unos cientos de metros más, pero nos encontraríamos con un arroyo seco más que un royo Molino, y sin agua, mejor no hablar.

Evidentemente, que si remontamos arroyo arriba, se nos sumarían los royos de los Enebrales, la hoya Primera, la hoya En medio, el prado de la Zarza, etc., etc., y ya metidos en la dehesa Somera, el término de Alustante con la cruz del Recibo, la Cabezuela, el barranco del Perdigón, hasta llegar al Ojillo.

Sobre todo, no olvidéis de echarle un repaso a la paidera de barda porque seguramente ya no aguanta la próxima nevada.

—¡Madre mía! La que he liado con tanto paraje.

—Esto se llama parajiar.

—¿Qué has dicho?

—Parajiar.

(Por aclarar ahora, que luego se me olvidará…)

Parajiar es andurriar por distintos sitios sin rumbo ni destino.

Pajariar es corritiar detrás de los pájaros para cazarlos.

—¿A que ahora ha quedado más claro?

—Ahora acabas de liarla.

—Sí.

—Y tanto.

—Pues seguimos.

—Que ya llegan.

Y toda esta retahíla de parajes para hacer tiempo hasta que llegaran los rezagados.

La cuadrilla ya llegaba directa para el Ojo.

—Esperad un poco.

—¿Qué pasa?

—Que os voy a enseñar el nombre de mi padre, que está escrito en la puerta de la paidera.

—Casi mejor dejarlo para otro día y hacemos un monográfico de puertas y paideras.

—Arreando entonces.

—Yo creo que no tenéis muchas ganas de andar.

—También puede ser.

Puestos de pie sobre las rocas, la vista era tan curiosa como excitante. La serpiente plateada de agua se dejaba acariciar por el sol, deslizándose por el barranco lentamente.

Íbamos bajando las aparentes escaleras dibujadas en el terreno. Unos pasos en sigilo y…

—¡Qué cerca está!

Un paso más…

—¡Quietos!

—¡Albricias! (Es en griego, pero se entiende).

—Es aquí.

—¿Aquí, qué?

—¿Has visto dónde nace?

—¿Quién lo diría?

—Pues ahí dentro se aletarga a temporadas.

—¡Vaya! ¿Quién lo imaginara?

Disimulado bajo una roca, se abre un manantial en forma de grieta ovalada de un metro de cintura por donde fluye el agua a borbotones. Unos enebros y unos berros intensamente verdes ayudan al camuflaje en su nacimiento en el barranco.

En épocas de sequía, sus propias arenillas subterráneas se encargan de obstruirlo casi por completo, dejándolo seco o apenas con unas ligeras señales de supervivencia.

—¡Hélo ahí!

—¿Ese es el Ojo?

—Agua a borbotones.

Según cuenta la leyenda, si te acercas, se te traga para siempre. Dicen que dentro hay un monstruo que sopla el agua y al niño que se descuida se lo come. Que cuando el río subterráneo que lo alimenta se enfurece, produce un ruido ensordecedor que da miedo acercarse a su orilla.

—¿Y eso es verdad?

—Tú escucha y verás.

—No escucho nada.

—Pues tú dirás.

Todo aclarado.

Una vez de mayor, en el colegio donde estudiaba, con ocasión de un concurso de poesía, me acordé de lo contado y le hice un pequeño poema.

Hay un poeta que me encanta y que dedicó un poema similar en un monasterio muy famoso. ¿Adivinas quién es?

> Surtidor que anhelas tocar el cielo,
> y tu dardo lanzas con alado vuelo.
> Esfuerzo vano que al blanco alejas,
> y vencido emanas llanto y lo arrojas.

> Aguda espina que conseguir pretende
> del cosmopolita cielo su talismán de oro,
> y en el vasto mar donde navega,
> lo guardan ninfas con amor eterno.

> Voz de cristal, alondra alegre,
> que al aire trinas con tus versos,
> y el eco humorado te devuelve
> trinos fragantes que le son molestos.

> Voz y garganta, clarín de acero,
> que paseas en góndolas tus notas,
> y el aire espiando en el eco
> quiebra por el éter tus sutiles gotas.

Vano intento conseguir el cielo,
pues de nuevo la furia confundida,
gota a gota irá desmoronando
la piedra bautismal que te dio vida.

Es muy fácil de descubrir. Pregunta al pueblo.

Debió ser un día tonto, o tal vez un momento de éxtasis. Fuere lo que fuere, lo que sí recuerdo es que unas estrofas de nada me otorgaron un tercer premio de no sé qué, una buena nota en literatura y un rincón en la penúltima hoja de Flores y Abejas.

Dicho diario llegaba al pueblo cuando llegaba al Ayuntamiento, procedente de la capital, Guadalajara, y con las noticias de una semana de retraso.

Ahora y de siempre, he tenido una gran admiración y simpatía por Antonio Machado, Gerardo Diego, Alberti, Juan Ramón Jiménez y Miguel Hernández. He pasado infinidad de ratos a su lado, y en especial aquellas tardes de primavera a la orilla del río Duero, cuando me perdía por Soria o cuando él venía por Adobes y nos íbamos a pasear por el Royo Molino.

—¿Dónde pensáis que los hermanos Machado despuntaron sus primeras plumas?

—Pues a la sombra del Picario.

(Esto es tan cierto, como que yo me llamo Lorenzo).

—¿Qué dices? ¡Anda ya! ¡Vete a hacer gárgaras!

—¿No te lo crees?

—Este tío está majareta.

—Sí, sí, puta envidia. El día que necesitéis saber por qué hablan los árboles o gimen los sauces, ya vendréis a preguntar.

Enseguida hubo uno que estaba atento y no tardó en preguntar.

—Yo sé por qué gimen los sauces. Porque se llaman llorones.

—¡Pero qué listo eres!

Otro, mucho más cuerdo, puso paz con cierto disimulo.

Seguimos tonteando…

—A ver quién es el primero en encontrar la pata de cabra.

De pronto, todos despertaron de la monotonía. Arrebatados como si se tratara de la rifa de confites en el bautismo de un recién nacido, todos se lanzaron a la busca de la pezuña de la cabra.

Algunos iban más que despistadillos.

—¿Que si por aquí? No.

—Por allá, tampoco.

Mi malintencionada idea había hecho que tapara de antemano la dichosa pata para dar más vidilla al asunto.

—Ayúdanos o danos una pista.

—Caliente, caliente.

Entre ellos había uno que tenía que saberlo, o por lo menos se lo imaginaba, porque en cierta ocasión un servidor se lo había enseñado. Pero el muy listo se hacía el longis.

—¡Que te quemas!

Rápido se dio la vuelta; estaba rozando y, sin querer, movió la piedra que lo estaba ocultando.

—¡Mírala! Está aquí. La estaba pisando.

Sobre una losa pulida por el paso de los años y en medio de la estrecha vereda que bordea el arroyo, aparece grabada una especie de huella semejando a una pezuña de cabra, con tanta nitidez que la mayoría lo dan por auténtica.

No hay duda, existe.

La cuestión es por qué motivo está en ese lugar y de esa forma. ¿Realmente es un capricho de la naturaleza o una fosilización? Lo más cómodo de deducir, por las apariencias y por el saber popular, sería que es una pata de una cabra que pasaba por allí hace milenios y, en su caminar, dejó la huella en la roca, y el tiempo y los fenómenos ambientales hicieron el resto.

Yo, particularmente, me inclino por la formación caprichosa y aleatoria de la naturaleza. En primer lugar, considero a la naturaleza capaz de lo más insospechado. En segundo lugar, una pezuña fosilizada debería tener millones de años para ser creíble, y aquí los fósiles que hay por el lugar, y además en cantidades, son los propios de la era cuaternaria a la que pertenece esta formación geológica.

¡Ojalá existieran tantas piedras y con tantas huellas similares en los alrededores, y por el contrario estuviéramos a punto de descubrir un nuevo saurio que tan de moda están por estas tierras vecinas de Teruel!

—¿En qué quedamos, que sí o que no?

—Yo que no.

—Pues yo que sí.

—Pues a mí me parece de oveja.

—¡Vaya, lo que faltaba!

Como lo tenía tan claro, di por concluida la deliberación y decidí separarme unos metros del grupo para que se entretuvieran rumiando el tema de la pata.

La vereda por donde debían pasar, en realidad, no existía, a no ser por unos molondros que habían colocado hace años para salvar el curso del agua. Era tan inestable que, al mínimo descuido, alguno iría al arroyo.

¡Cataplás! Chop, chop. Al agua.

—Ja, ja, ja… Pero qué bien os está, por no mirar dónde pisáis. Mira a ver la huella de quién es.

A reír tocan.

Me avancé unos metros a más de prisa para llegar el primero a la Fuente de las Burbujas y me recosté en la hierba al lado de unas margaritas que pacían tranquilamente sobre un pequeño talud cercano al manantial.

Apenas había deshojado unos pétalos cuando apareció el primer náufrago, con las nalgas medio arremangadas y empapadas de agua, y tras él, un segundo con las zapatillas en la mano. Yo me hice a un lado con cierta precaución para evitar un supuesto envite en forma de revancha.

Una vez sentados todos en torno a la pipa de la paz, el caso ocurrido se convirtió en cosa de cachondeo, y salvo algún manotazo de agua sin más pretexto que el divertimento, no pasó a mayores.

Mientras el uno intentaba escurrir inútilmente la garra del pantalón sin quitárselo, el otro aprovechaba para terminar de lavar sus maltrechas zapatillas.

—Pero, ¿qué haces?

—Ya que las tengo mojadas, aprovecho para lavarlas y, de paso, los calcetines.

—¿Y luego qué?

—Yo de aquí ni un paso más hasta que se sequen.

—Pues vas para rato.

—¿Queréis queso?

Y estaba lavando los calcetines. Un par de calcetines más negros que el hollín, como calamares en su tinta. Chapoteando en el agua sin muchos escrúpulos.

—Venid todos, que ya ha aparecido el cerdo.

—¿Que hay chorizo para merendar?

—Y queso.

—El chorizo está bien curao, pero el queso tierno.

—¿Estamos todos?

—Que levante la mano el que falte.

Al lío, que hay hambre.

Entre agua y vino, agua y tocino, chorizo y jamón, queso fresco de requesón y los postres, se nos acabaron las viandas y se nos fue la gana. Las efervescentes burbujas de la fuente se esfumaron como guiños sin apenas observarlas.

Cisquillosa y saltarina, el agua se dejaba navegar entre tanto recoveco y acantilado, embelesando a su paso con extrema pureza y claridad a musgos y líquenes que, arriesgando su existencia, se encaramaban en la orilla del lecho del arroyo, como mirones absortos, pendientes de robar unas cuantas gotas de agua.